Komentar Penyemangat

Kris Den Besten menjalani hidup yang penuh misi, tujuan, visi, dan nilai. Dalam buku ini, Kris menyingkapkan visi penuh kekuatan yang akhirnya membantu mengubah pekerjaan dan hidupnya. Saya menganjurkan Anda membaca dan merefleksikan prinsip-prinsip yang dibagikannya dalam buku ini dan, yang lebih penting, bertekun untuk hidup dalam terangnya. Bersiaplah untuk menjadi SHINE.

JOHN C. MAXWELL
Pendiri Lembaga Pelayanan INJOY dan EQUIP,
Motivator
Pengarang beberapa buku, termasuk *Thinking for a Change, Developing the Leader within You, Ethics 101, Talent is Never Enough,* dan *Life@Work*

Di tempat kerja dewasa ini, banyak orang mencari makna yang lebih dalam pekerjaannya. Mereka bertanya-tanya bagaimana mengintegrasikan imannya dalam pekerjaan. Buku ini memberikan tuntunan inspiratif bagaimana mengintegrasikan iman dan pekerjaan setiap hari. Buku ini juga menantang pembacanya untuk menemukan makna dan pelayanan sejati dalam pekerjaan dan kehidupan sehari-hari mereka.

MARY VERMEER ANDRINGA
Presiden/CEO Vermer Corporation
www.vermeer.com

Di Interstate Batteries, nilai-nilai dan prinsip-prinsip memegang peranan penting dalam mengarahkan semua keputusan bisnis kami. Dalam buku ini, Kris Den Besten menyingkapkan pesan kuat betapa nilai-nilai ilahi dan rohaniah bukan hanya dapat memengaruhi secara mendalam pekerjaan kita, tetapi juga kehidupan kita maupun orang lain. Saya merekomendasikan buku ini kepada siapa saja yang menginginkan pekerjaan mereka sungguh-sungguh berarti ... selamanya.

NORM MILLER
Pimpinan, Interstate Batteries

Kris telah menulis sebuah buku hebat yang akan mencerahkan dan mengilhami semua orang yang bersemangat memuliakan Kristus secara efektif di tempat kerja. Kris adalah seorang pemimpin yang berkarakter dan kompeten, berintegritas, dan berpengaruh. Ia satu-satunya yang tepat untuk menulis buku ini. Anda harus membacanya.

DOUG CARTER
Wakil Presiden Senior, EQUIP, lembaga pelayanan John C. Maxwell

Komitmen mendalam Kris Den Besten pada prinsip-prinsip SHINE yang mengawali buku praktis ini tampaknya bukan hanya dalam tulisannya, tetapi juga dalam bisnisnya sehari-hari. Sebagai seorang istri, dan ibu dari dua orang pegawainya, saya sangat berterima kasih atas cara Den Besten memimpin perusahaannya dan memperhatikan semua orang yang dipekerjakannya. Sebagai seorang pebisnis profesional, saya menghargai nasihat bijaksana dan pragmatis yang ditawarkan buku ini. Saya anjurkan Anda membaca buku penuh ilham ini dan kemudian membagikannya kepada keluarga dan rekan-kerja Anda.

MARILYN JEFFCOAT
Presiden, Total Sculpt

Buku ini seharusnya akan menjadi alat berguna bagi siapa saja yang merupakan pengikut setia Yesus Kristus dan berhasrat mengintegrasikan klaim iman mereka dengan tuntutan pekerjaan mereka.

BILL POLLARD
Mantan Pimpinan, ServiceMaster
Pengarang, *Soul of the Firm* dan *Serving Two Masters*

SHINE

KRIS DEN BESTEN

SHINE

5

PRINSIP UNTUK MEMBUAT USAHA DAN KARIER ANDA MELEJIT

INSPIRASI

Katalog dalam terbitan (KDT)

Besten, Kris Den.

   Shine: lima prinsip untuk membuat usaha dan karier anda melejit /
   oleh Kris Den Besten ; diterjemahkan oleh Albertus Budi Prasetyo
   – Cet. 1 – Jakarta: Penerbit Inspirasi
   PT Gunung Mulia, 2010.
   xviii , 218 hlm. ; 21 cm.

   Judul asli: *Shine.*

   1. Pengalaman Kristen   2. Etika Kerja
   I. Judul.   II. Albertus Budi Prasetyo

   248

ISBN 978-979-687-767-6

SHINE

Lima Prinsip untuk Membuat Usaha dan Karier Anda Melejit

Judul asli: *Shine*

Copyright © 2008 by Kris Den Besten
Published by Destiny Image Publishers, Inc.,
P.O. Box 310, Shippersburg, PA 17257-0310
All Rights Reserved. This Licensed Work published under license.

Hak Cipta Terjemahan Indonesia oleh
PT BPK Gunung Mulia, Jl. Kwitang 22-23, Jakarta 10420
E-mail: publishing@bpkgm.com – http://www.bpkgm.com
Anggota IKAPI
Hak Cipta dilindungi oleh Undang-undang

Cetakan ke-1: 2010
Editor: Nino Oktorino, Eko Y.A.Fangohoy, Sigit Suryanto
Setter: Wahyu Dwi Hantoro
Desain Sampul: Hendry K.

Daftar Isi

Visi SHINE

Saya dahulu bekerja untuk memperoleh penghasilan. Seperti banyak orang, pekerjaan saya seluruhnya berkisar tentang bertahan hidup, membayar tagihan, dan berjalan terus sedapat mungkin. Seiring dengan berlalunya waktu, bayang-bayang keberhasilan mengubah pekerjaan saya menjadi obsesi yang mengendalikan hidup saya. Suatu dambaan untuk meraih sesuatu yang lebih dari sekadar berhasil dan mendaki menuju tahap bermakna akhirnya menyeruak muncul. Sayangnya, semakin saya mencicipi keberhasilan pribadi, kehidupan saya di tempat kerja semakin terasa tak bermakna. Saya mulai ragu bahwa karier saya mempunyai nilai sejati yang bertahan lama.

Untunglah, hal itu mulai berubah beberapa tahun lalu saat saya beserta para karyawan saya memeluk visi baru dalam menjalankan bisnis. Visi ini pertama-tama mulai terbentuk dan mengubah hidup saya di tempat kerja. Kemudian, visi ini mulai memengaruhi semua aspek lain dalam kehidupan sehari-hari saya secara positif.

Selama proses itu, perusahaan kami mengalami pertumbuhan mencengangkan dan memperoleh keuntungan meningkat. Hasilnya, kepuasan kerja melambung saat banyak di antara kami mulai mengalami perasaan berhasil dan pemenuhan yang lebih besar dari kerja keras kami.

Saya memang masih mencari penghasilan saat berangkat bekerja. Akan tetapi, melalui kekuatan visi yang mencerahkan ini, sekarang saya diyakinkan bahwa hidup kerja saya—dan Anda—memiliki potensi untuk bangkit daripada sekadar bertahan hidup, melambung melampaui sekadar berhasil, dan bersinar mengatasi sekadar bermakna.

VISI SHINE

Hidup oleh visi disemangati oleh apa yang dapat terjadi,
daripada dihambat oleh apa yang ada.

MENANGKAP VISI BERSINAR

Jelaslah bahwa masa itu adalah momen yang menentukan. Sang pemimpin mengumpulkan anggota tim kuncinya untuk retret organisasi. Setiap individu merasakan semangat yang menggebu menghadapi apa yang sedang menjelang. Berdiri di depan pemandangan di atas kumpulan air berkilauan yang membuat orang tertegun menahan napas, ia menguraikan visi baru untuk mengilhami tim itu. Visi baru ini akan memisah-misahkan mereka jika mengikuti keuntungan yang paling kompetitif. Saat banyak orang menciptakan ritual, aturan, dan proses-proses ketat dalam menjalankan bisnis, pemimpin ini memimpin orang-orangnya untuk jauh menggali ke dalam diri mereka sendiri. Visinya menantang mereka untuk secara radikal meninggalkan kondisi *status quo*—untuk memeluk suatu perspektif yang revolusioner. Alih-alih berpusat pada prosedur yang lazim, visi ini berpusat pada menjadi orang-orang berkarakter.

Dengan otoritas yang tidak pernah diperkirakan sebelumnya, sang pemimpin dengan indahnya merajut unsur-unsur misi, tujuan, visi, nilai, dan relasi. Kata-katanya memotivasi dan membangkitkan semangat setiap individu. Visi ini menuntut lebih daripada sekadar mengikuti standar-standar baku. Lebih dari itu, visi ini meminta komitmen utuh segenap hati, jiwa, budi, dan kekuatan dari setiap individu. Semua model pengelolaan sebelumnya harus ditanggalkan demi jalan yang baru ini.

Jalan ini tidak akan mudah. Namun, bagi mereka yang memilih untuk mewujudkan visi ini, keuntungan tertinggi akan meregang jauh mengatasi harapan atau imajinasi. Visi ini akan terbukti sangat menarik sehingga begitu dipeluk, akan bersinar dari satu generasi ke generasi berikutnya.

Banyak hal telah berubah sejak Yesus menguraikan visi ini untuk pertama kalinya sekitar dua ribu tahun yang lalu di sisi bukit di seberang Danau Galilea. Namun, satu hal tetap jelas dan hidup: sumber terang bagi visi ini tetap sama, kemarin, sekarang, dan esok. Visi ini sederhana. Kita dipanggil untuk BERSINAR—untuk hidup sedemikian rupa sehingga orang lain dapat melihat karakter Kristus memancar dari dalam diri kita sehingga memuliakan Allah Bapa.

Begitu juga terangmu harus bersinar di hadapan orang, supaya mereka melihat perbuatan-perbuatanmu yang baik, lalu memuji Bapamu di surga. (Mat. 5:16, BIS-LAI)

Harus diakui, saya memerlukan waktu untuk menyadari kepada siapa Yesus sedang berbicara saat Dia menguraikan visi untuk bersinar. Jelaslah, visi ini tidak dapat diterapkan kepada diri saya. Saya berpikir visi ini hanya dimaksudkan untuk para murid yang bergabung dengan-Nya di bukit hari itu, atau untuk para pendeta dan misionaris—jelas bukan untuk para penjual traktor. Pekerjaan saya dibangun di sekitar menjual peralatan berat, membangun bisnis, dan mencari kesuksesan yang lebih besar lagi di masa depan. Sebagai akibatnya, tidak banyak kejadian dalam hari kerja saya yang memuliakan Bapa di Surga.

BANGKIT DARIPADA SEKADAR BERTAHAN HIDUP

Terletak di Iowa tengah, Vermeer Manufacturing Company bergerak di bidang pembuatan perlengkapan konstruksi. Pada tahun 1967, dua orang karyawan mudanya meninggalkan Iowa dan berpindah melintasi negara bagian untuk memulai usaha penjualan baru yang dinamakan Vermeer Southeast. Ayah saya mendirikan pusat perusahaannya di Florida, dan rekannya menjalankan kantor cabang pertama di Georgia.

Menjelang akhir 1980-an, bisnis ini mendapatkan laba kotor sekitar empat juta dolar setahun. Pada waktu itu, saya bergabung dengan perusahaan tersebut sebagai seorang pegawai magang. Beberapa tahun kemudian, karier saya meningkat seiring pertumbuhan pendapatan kami, dan akhirnya saya menjadi CEO dan pemegang saham mayoritas di perusahaan kami.

Pada masa itu, keberhasilan saya sebagai pebisnis demikian kuat dan menakjubkan. Namun, semakin saya mendorong perusahaan kami untuk bekerja semakin keras untuk semakin banyak memecahkan rekor penjualan dan untuk semakin menghasilkan banyak uang, saya mulai merasakan semakin banyak kekosongan dalam pekerjaan saya. Perasaan bahwa saya kehilangan sesuatu mulai menyeruak. Namun, saya masih belum tahu apa yang terjadi.

Seraya menjalani semua itu dalam bisnis saya, saya terus menghadiri ibadah di gereja setiap hari Minggu. Akan tetapi, saya tidak merasakan keterkaitan di antara keduanya. Saya menyediakan waktu untuk beribadah di hari Minggu, hanya itu saja. Tanggung jawab menjalankan bisnis dan mengejar kesuksesan terus-menerus menguasai diri saya untuk melakukan banyak hal lainnya. Perangkap telah terpasang—berpindah-pindah dari menyembah Tuhan di hari Minggu pagi dan menyembah diri sendiri di sepanjang hari lainnya—dan saya terjebak. Pekerjaan telah menjadi berhala saya.

MELAMBUNG MELAMPAUI SEKADAR SUKSES

Itulah saat ketika saya mulai menyadari memerlukan perubahan dalam kehidupan kerja saya. Saya sedang berbagi cerita dengan seorang pendamping tentang rasa bersalah saya karena tidak melakukan pekerjaan yang lebih penting—seperti pelayanan gereja. Tanggapannya mencerahkan: "Mungkin Allah ingin menggunakan Anda di tempat di mana Anda paling punya pengaruh. Sekarang ini, boleh jadi Anda tidak berada dalam gereja Anda. Mungkin Allah ingin menggunakan Anda secara mencolok untuk Kemuliaan-Nya dalam bisnis yang Dia berikan kepada Anda."

Pernyataan itu menohok saya dengan keras. Amatlah susah membayangkan memuliakan Allah sambil bekerja dalam bisnis alat-alat berat. Lalu terang baru dalam diri saya mulai menyala. Allah mulai menyingkapkan dengan jelas visi saya sendiri untuk kehidupan dan pekerjaaan saya yang berlandaskan Matius 5:16 agar terang diri saya bersinar. Inti visi ini adalah bahwa Allah dimuliakan saat sifat-sifat-Nya disingkapkan melalui diri kita. Dari perspektif ini, pekerjaan kita dapat menjadi pelayanan hidup kita yang sesungguhnya. Tak peduli posisi atau profesi apa pun, setiap orang dapat bersinar saat Kristus tampak dalam diri mereka.

Pada tahun 2001, kami mencapai rekor baru dalam pendapatan total perusahaan. Sebagian besar berasal dari hasil penjualan perlengkapan konstruksi yang biasanya dipakai untuk membangun infrastruktur serat optik untuk internet. Pada tahun yang sama, sebagian besar dari konstruksi besar ini tiba-tiba berhenti mendadak. Lalu, pasar modal langsung turun drastis. Beberapa bulan kemudian, serangan teroris 11 September membuat bisnis kami sampai pada titik nadirnya. Pada akhir tahun itu, kami kehilangan lebih dari setengah pendapatan kami dibandingkan pada awal tahun.

Sekalipun gambaran finansial kami kelam, perusahaan kami sedang bersiap-siap memeluk sesuatu yang jauh lebih bernilai daripada aset finansial mana pun. Kami benar-benar perlu memindahkan nilai-nilai dan pernyataan misi kami dari dinding-dinding bangunan kami ke dalam hati orang-orang kami. Visi yang baru ini—bersinar dengan cemerlang—akan terbukti amat penting sebagai penuntun pada masa-masa penuh tantangan itu.

BERSINAR MENGATASI SEKADAR BERMAKNA

Kemerosotan perekonomian tahun 2001 memengaruhi banyak orang dalam industri kami. Banyak perusahaan alat berat gulung tikar. Beberapa pelanggan terbesar kami menyatakan diri bangkrut. Baik PHK maupun penutupan fasilitas-fasilitas perusahaan menjadi hal yang biasa.

Akhirnya, ketika tahun yang berat itu sampai pada penutupnya, tibalah waktunya bagi perayaan Natal tahunan kami. Tahun-tahun sebelumnya, kesempatan sosial ini menjadi suatu kesempatan untuk merayakan keberhasilan perusahaan kami, saling memberi selamat atas angka-angka kami dan kemudian membagikan cek bonus pada setiap orang. Dalam keadaan yang berkebalikan dengan tahun sebelumnya, apa yang akan kami lakukan pada pertemuan perusahaan kali ini? Perasaan yang masuk ke dalam perayaan itu jelas bukan perasaan sukaria. Para karyawan kami tahu apa yang terjadi. Beberapa cemas dengan pekerjaan mereka. Beberapa bahkan mempertanyakan apakah kami, sebagai sebuah perusahaan, dapat bertahan hidup.

Sambil berjalan menuju tempat makan malam, saya berdiskusi dengan istri saya mengenai hasrat untuk menggeser pusat perhatian perusahaan kami dari angka-angka menuju papan nilai yang baru. Kami memerlukan suatu standar baru untuk mengukur diri kami sendiri—suatu standar yang menghidupi nilai-nilai kami dan mengejar visi baru untuk bersinar dengan cemerlang. "Mungkin kamu dapat meringkaskan itu semua dengan kata SHINE (bersinar)," katanya. "Lalu, visimu dapat didefinisikan dengan lebih jelas."

Saya merenungkan lagi pernyataan misi/nilai-nilai kami dan langsung singkatan SHINE melintas dalam pikiran. Singkatan ini meringkas lima prinsip yang menjadi landasan visi SHINE (bersinar):

S–*Serve Others (Prinsip #1: Setia melayani sesama)*

H–*Honor God (Prinsip #2: Hormati Allah)*

I–*Improve Continually (Prinsip #3: Izinkan pertumbuhan yang berkesinambungan)*

N–*Navigate by Values (Prinsip #4: Nilai sebagai acuan)*

E–*Excel in Relationships (Prinsip #5: Erat dalam relasi)*

Malam itu saya memperkenalkan kepada para karyawan sistem penilaian yang baru ini. Kami masih tetap akan memantau angka-angka. Akan tetapi, sekarang kami akan mengukur diri kami sendiri dengan seberapa jauh kami sudah menghidupkan visi kami untuk bersinar. Saya percaya bahwa jika kami memusatkan perhatian pada prinsip-prinsip kunci ini, semua hal lainnya akan terselesaikan dengan sendirinya. Saya menjelaskan kepada para karyawan bahwa hidup berdasarkan visi ini digerakkan oleh apa yang dapat terjadi, lebih daripada tertahan oleh apa yang ada.

Para staf bertepuk tangan dengan sopan. Akan tetapi, hanya setelah kami membagikan cek bonus—kendati kami kehilangan banyak uang tahun itu—konsep yang kami tawarkan diterima. Baru saat itulah mereka mulai menangkap visi itu. Benarlah bahwa orang jauh lebih percaya pada apa yang mereka lihat daripada apa yang mereka dengar. Lembaran cek bonus itu berbicara lebih kuat daripada yang dapat saya katakan. Dengan cara yang sama, kesaksian kita bagi Kristus lebih berdampak saat Dia tampak dalam tindakan kita daripada hanya lewat pewartaan dari mulut kita saja.

Secara finansial, tahun berikutnya tidak jauh lebih baik. Meskipun demikian, kami berhasil mendapatkan sedikit laba tanpa "merumah-kan" seorang karyawan atau menutup satu toko pun. Sejak tahun 2001, visi SHINE telah menjadi acuan yang mengarahkan perusahaan kami. Hasil-hasil fiskal kami bersaksi sendiri saat penjualan tahunan kami telah tumbuh sampai hampir US$100 juta. Kami telah melebarkan bisnis kami lewat akuisisi dan pendirian toko-toko baru. Perusahaan kami belum pernah sekuat ini, baik secara finansial maupun secara struktural.

Namun, visi SHINE adalah lebih dari sekadar membesarkan angka-angka dan melebarkan sayap bisnis kami. Visi ini adalah tentang per-geseran radikal dalam mengatur prioritas dan mengukur keberhasilan kita. Dengan sistem penilaian yang baru ini, kami melihat hal-hal da-lam terang yang baru. Seperti perusahaan lain, kami tetap menghadapi tantangan dan kadang-kadang lalai akan tujuan-tujuan kami. Akan tetapi, visi SHINE menolong kami bertahan pada jalur dan mengge-rakkan kami ke arah berbagai kesempatan, baik sebagai satu organisasi maupun perseorangan, untuk bersinar.

NYALAKAN VISI BERSINAR

Visi SHINE (bersinar) didasarkan pada tiga dorongan kunci yang di-berikan oleh Yesus untuk menyembah Allah, meluaskan kerajaan-Nya, dan memancarkan kemuliaan-Nya:

1. **Perintah Utama: Menyembah Allah**

    Kasihilah Tuhan, Allahmu, dengan segenap hatimu dan dengan sege-nap jiwamu dan dengan segenap akal budimu dan dengan segenap kekuatanmu ... (Mrk. 12:30).

2. Pengutusan Agung: Meluaskan Kerajaan-Nya

Kepada-Ku telah diberikan segala kuasa di sorga dan di bumi. Karena itu pergilah, jadikanlah semua bangsa murid-Ku dan baptislah mereka dalam nama Bapa dan Anak dan Roh Kudus, dan ajarlah mereka melakukan segala sesuatu yang telah Kuperintahkan kepadamu (Mat. 28:18–20a).

3. Penguatan Besar: Memancarkan Kemuliaan-Nya

Dan ketahuilah, Aku menyertai kamu senantiasa sampai kepada akhir zaman (Mat. 28:20b).

Begitu juga terangmu harus bersinar di hadapan orang, supaya mereka melihat perbuatan-perbuatanmu yang baik, lalu memuji Bapamu di surga (Mat. 5:16, BIS-LAI).

Visi SHINE ini bukanlah semacam rumus untuk menjadikan Anda karyawan terbaik bulan ini atau penjual terbaik kuartal ini—kendati hal seperti itu amat mungkin terjadi. Namun, visi ini adalah pendekatan yang berlandaskan Alkitab dan berporoskan Kristus untuk mengubah tujuan-tujuan kita bekerja dari sekadar mencari penghidupan menjadi membuat perbedaan. Saya yakin bahwa memeluk dan menerapkan kelima prinsip SHINE akan memperkuat karakter Anda, memajukan karier Anda, dan membawa Anda pada pemenuhan yang lebih besar dalam semua aspek kehidupan. Jauh lebih penting lagi, Anda akan membangun jalan bagi karya Kristus di dalam dan melalui diri Anda agar berdampak bagi dunia di sekitar Anda. Sambil membaca buku ini, mohon dicatat bahwa SHINE bukanlah sesuatu yang dapat kita lakukan atas kekuatan kita sendiri. Kita tidak dapat bersinar bagi Tuhan di dalam dan dari diri kita sendiri. Hanya Dia yang dapat bersinar di dalam diri kita.

SETIA MELAYANI SESAMA

Sama seperti Anak Manusia datang bukan untuk dilayani, melainkan untuk melayani dan untuk memberikan nyawa-Nya menjadi tebusan bagi banyak orang.

(Mat. 20:28)

BAB 1

Nyalakan Api
Semangat Pelayanan

HATI YANG PENUH DENGAN SEMANGAT MELAYANI
MEMULIAKAN ALLAH DENGAN MELAYANI SESAMA

... barangsiapa terbesar di antara kamu,
hendaklah ia menjadi pelayanmu.
(Mat. 23:11)

Max DePree, mantan CEO dari sebuah perusahaan bidang pera-
botan kantor terkenal di dunia pernah mengatakan, "Tanggung
utama dari seorang pemimpin adalah mendefinisikan realitas. Yang
terakhir adalah mengucapkan terima kasih. Di antara kedua hal terse-
but, seorang pemimpin harus menjadi seorang pelayan sekaligus se-
orang yang berutang."[1] Mempelajari konsep ini membuktikan kepada
saya suatu pelajaran yang sangat menguatkan. Selama tahun 1900-an,
perusahaan kami mengalami puncak pertumbuhan, suatu pencapaian
yang begitu membanggakan bagi saya. Pada masa-masa itu, saya meng-
alami kenaikan karier dari tenaga penjualan menjadi manajer penjual-
an, berlanjut menjadi manajer umum, dan akhirnya menjadi pemilik.

Keberhasilan saya muncul bersamaan dengan takaran kebangga-
an yang tidak sehat. Sebagai seorang anak laki-laki dari pendiri per-
usahaan, saya merasakan tekanan yang lebih besar untuk membuktikan
diri kepada orang-orang di sekitar saya, termasuk ayah saya. Suatu
hari, segera setelah saya ditunjuk menjadi manajer penjualan, saya
berhasil melakukan penjualan terbesar dalam sejarah perusahaan
kami. Penjualan bernilai jutaan dolar kepada seorang pelanggan yang,
sampai pada saat itu, telah melakukan pembelian yang nyaris eksklusif
dari pesaing kami. Setelah menuntaskan order tersebut, saya meleng-
gang masuk ke kantor ayah saya, penuh dengan rasa puas diri, dan
berseru, "Saya memenangkan transaksi ini."

Beliau menyambut saya dan memberi saya ucapan selamat. Se-
lain mengatakan terima kasih, saya meraih tangannya dan berkata,
"Transaksi terbesar apa yang pernah Ayah lakukan?"

Ayah saya duduk di kursinya dan mengerutkan dahi. Saya tahu
beliau tidak dapat mencapai transaksi puncak yang saya raih karena
memang belum pernah ada satu pun. Akhirnya, beliau pun menjawab,
tetapi bukan jawaban yang saya harapkan. "Kau tahu," beliau berkata
dengan tatapan yang hanya diberikan seorang ayah kepada anak laki-
lakinya, "Ayah tidak dapat mengatakan transaksi istimewa apa saja
yang masih tertanam dalam ingatan Ayah. Namun Ayah berpikir
bahwa Ayah mendapatkan kebanggaan yang luar biasa karena tahu
bahwa perusahaan ini sudah menyediakan kebutuhan bagi begitu ba-
nyak keluarga selama bertahun-tahun, dan bahwa Allah telah meng-
izinkan Ayah menjadi bagian di dalamnya."

Bagaimana saya bisa menanggapi kata-kata ayah? Saya tidak mem-
berikan komentar apa pun ketika saya, dengan perasaan malu karena
bersikap takabur, beringsut kembali ke ruangan saya. Ayah saya de-
ngan jelas telah menunjukkan kepemimpinan bagi saya. Pusat perhati-
an saya selama ini adalah menyanjung diri saya di depan cermin ketika

seharusnya memberikan pandangan ke luar jendela, membesarkan hati orang lain, dan memuji Allah.

Sejak saat itu, saya mulai memahami tanggung jawab untuk melayani karyawan kami. Keberhasilan berarti bagi saya; sikap pengertian berarti bagi mereka. Untuk pertama kalinya, hubungan antara kebesaran dan pelayanan mulai bergema di dalam diri saya. Makna yang sebenarnya tidak pernah ditemukan dalam melayani diri, tetapi hanya dalam melayani sesama.

MELAYANI DENGAN PENUH SEMANGAT

Pelayanan. Arti dari kata ini memiliki berbagai makna yang tersirat. Kita menggunakannya untuk menggambarkan mereka yang melayani dalam komisi, menunggu di meja kerja, atau memperbaiki sesuatu ketika terjadi kerusakan. Pelayanan bisa saja diberi pengertian sebagai kerja yang dilakukan layaknya suatu pekerjaan, tugas, hukuman, atau keuntungan bagi orang lain. Secara khusus, kata pelayanan mengandung pengertian suatu tindakan, biasanya bersifat sementara, yang dilakukan sebagai suatu keharusan dan membuahkan imbalan terbatas bagi orang yang melayani.

Ini adalah perspektif umum di tempat kerja di mana kita memanfaatkan waktu kita mencari penghasilan. Mengapa harus seperti itu? Tempat kerja tertentu umumnya mengembangkan suatu lingkungan yang bernuansa "aku lebih dahulu". Dalam kondisi demikian, kerja dapat menjadi suatu tempat untuk pelayanan diri yang melelahkan, untuk meniti tangga struktur korporasi, dan untuk menjadi nomor satu. Kita melayani untuk maju, untuk mencetak lebih banyak uang, untuk mendapatkan pengakuan atas andil yang telah kita berikan. Kerja menjadi sepenuhnya tentang kita dan hal-hal yang kita inginkan. Ketika pelayanan kita melulu tentang kita, kita bekerja untuk bisa hidup. Pelayanan yang terpusat pada diri sendiri, yang telah kita jalani atas dasar suatu keharusan, dapat membuat diri kita—seperti budak bagi kerja kita—merasa hampa dan tertindas. Meskipun demikian, kita bisa mengubahnya.

Semangat pelayanan menganjurkan kita menempatkan kebutuhan orang lain mendahului kebutuhan kita sendiri dalam keadaan apa pun. Pelayanan kita tidak dikendalikan oleh lingkungan kita. Lebih dari itu, pelayanan adalah suatu pilihan yang dibuat dalam hati. Allah menempatkan kita dalam suatu lingkungan pekerjaan untuk melayani sesama. Dia memanggil kita untuk secara tulus memperhatikan kebutuhan, impian, harapan, dan kepedihan yang dimiliki sesama di sekitar kita. Dia menghendaki kita untuk memandang sesama seperti Dia memandang mereka: orang-orang yang membutuhkan.

Semangat pelayanan memiliki tujuan memuliakan Allah dengan membantu sesama. Pelayanan kita tidak lagi dipandang sebagai tugas atau suatu kewajiban. Pelayanan lebih merupakan kesempatan untuk melakukan pekerjaan baik yang telah direncanakan Allah bagi kita. Tujuan akhir dari pelayanan kita adalah Allah, yang menggunakan kita untuk melakukan pekerjaan-pekerjaan baik yang memuliakan diri-Nya. Hal ini memberikan kepada kita suatu cara pandang yang segar terhadap pekerjaan kita.

Semangat pelayanan mendorong hati kita sekaligus mengarahkan pusat perhatian kita. Hati yang memiliki semangat melayani dengan sepenuh hati memperhatikan kesejahteraan orang lain dan melayani untuk keuntungan orang lain. Dengan mengembangkan hati yang memiliki semangat melayani, kita mulai memahami bahwa karya-karya pelayanan kita menjadi berkat yang kita bagikan kepada sesama kita. Kita tidak lagi melayani karena tuntutan kewajiban, tetapi karena kasih seperti kita memancarkan hati Kristus kepada mereka yang kita jumpai. "Jika ada orang yang melayani, baiklah ia melakukannya dengan kekuatan yang dianugerahkan Allah, supaya Allah dimuliakan dalam segala sesuatu karena Yesus Kristus ..." (1 Ptr. 4:11b).

MELAYANI SECARA PROFESIONAL

Pekerjaan kita menyediakan kesempatan yang tak terhingga untuk melayani banyak kebutuhan dan untuk menyatakan semangat pelayanan. Pada dasarnya, bisnis adalah segala sesuatu tentang melayani sesama. Untuk tetap bertahan hidup, bisnis harus secara konsisten memenuhi dua hal:

1. melayani suatu kebutuhan
2. menghasilkan keuntungan.

Sangat penting untuk memperhatikan dua unsur penting ini. Untuk kelangsungan suatu usaha, pertama-tama haruslah melayani suatu kebutuhan. Untuk kelanjutannya, suatu usaha kemudian harus menghasilkan keuntungan. Untuk mempertahankan keberhasilan, suatu usaha harus terus melakukan keduanya.

Semangat melayani memerlukan urutan prioritas yang sesuai: manusia dahulu, baru keuntungan. Saya sudah mendengar bahwa keuntungan itu seperti oksigen. Anda membutuhkannya untuk bertahan hidup. Meskipun demikian, oksigen bukanlah hidup itu sendiri. Demikian juga, bertentangan dengan keyakinan umum, keuntungan bukanlah segala-galanya dalam bisnis. Sebuah perusahaan yang bersinar menyadari bahwa melayani sesama adalah hidup dari perusahaan itu dan bahwa keuntungan, seperti oksigen, menjaga kelangsungan perusahaan dan memungkinkan perusahaan untuk terus melayani.

Kita perlu melayani kebutuhan para karyawan dan rekan kerja. Pribadi-pribadi itu memberikan usaha terbaik mereka dalam sebuah lingkungan di mana mereka dilayani, dihargai, dan diperhatikan. Ketika kita menempatkan para karyawan pada prioritas pertama dan melayani mereka dengan ketulusan, mereka umumnya menanggapi dengan motivasi yang lahir dari dalam, yang memberikan jaminan keuntungan untuk perusahaan.

Sebagian besar bisnis cenderung melayani demi keuntungan daripada menghasilkan keuntungan dengan melayani.

Kita perlu melayani kebutuhan para pelanggan. Dalam bisnis, konsep melayani pelanggan adalah suatu hal yang sangat penting. Sebagian besar perusahaan menyadari bahwa apabila mereka melayani pelanggan, mereka akan memperoleh bisnis yang lebih besar. Sebagai konsekuensi, kebanyakan bisnis cenderung melayani demi keuntungan daripada menghasilkan keuntungan dengan melayani. Mereka melayani konsumen dengan penuh perhatian untuk menjual lebih banyak barang.

Semangat pelayanan menuntut lebih dari itu. Pelayan sejati sepenuhnya termotivasi oleh semangat membantu orang lain. Mereka melayani bukan semata-mata untuk hal-hal yang dapat mereka peroleh dari tindakan pelayanan itu, tetapi untuk hal yang dapat diberikan kepada orang-orang yang dilayani. Para pelayan menentukan pusat perhatian pada bagaimana mereka dapat memberikan dampak positif bagi organisasi mereka dengan membantu sesama menghadapi tantangan dan mengembangkan kehidupan profesional dan personal mereka.

MELAYANI TANPA MEMENTINGKAN DIRI SENDIRI

Sayangnya, tempat kerja telah dibanjiri orang-orang yang niatnya semata-mata melayani diri mereka sendiri. Akibatnya, konsep semangat pelayanan tampak asing di dunia bisnis dewasa ini. Dapatkah Anda membayangkan sebuah perusahaan di mana CEO atau pemilik perusahaan meyakini bahwa tanggung jawab terbesar mereka tidaklah pada tataran dasar tetapi pada melayani para karyawan perusahaan itu? Bagaimana jika para karyawan tidak lagi memusatkan perhatian pada kebutuhan dan keinginan pribadi mereka dan mulai bersikap mendahulukan melayani sesama? Bagaimana jika kita semua berhenti memfokuskan diri pada pikiran betapa pentingnya diri saya sendiri dan mulai memusatkan perhatian pada membawa nilai yang paling berharga ini kepada siapa saja yang kita jumpai di tempat kerja? Pikirkanlah perbedaan yang dapat dihasilkan.

Alkitab menyediakan bagi kita paradoks yang luar biasa tentang pelayanan: "... Barangsiapa ingin menjadi besar di antara kamu, hendaklah ia menjadi pelayanmu, dan barangsiapa ingin menjadi terkemuka di antara kamu, hendaklah ia menjadi hambamu" (Mat. 20:26–27). Yesus membuatnya begitu jelas bahwa jalan menuju keagungan dalam Kerajaan Allah tidak ditemukan dalam sikap melayani diri sendiri melainkan dalam melayani sesama. Konsep semangat pelayanan ini tidak hanya disarankan demi suatu pahala di masa mendatang, tetapi konsep ini harus dipegang dengan sepenuh hati dan diwujudkan saat ini karena pelayanan kita menghadirkan kerajaan-Nya di dunia.

Allah melihat dan mencatat semua karya pelayanan kita. Dia tahu dan memahami dorongan yang ada dalam diri kita. Dia berjanji untuk mengangkat orang-orang yang menyatakan hatinya dengan tulus dan penuh dengan semangat pelayanan. Intinya, cara yang paling efektif untuk melayani diri sendiri adalah dengan melayani sesama tanpa mementingkan diri sendiri. Semakin banyak kita melayani, semakin bernilailah kita bagi orang lain dan semakin besarlah kita meningkatkan nilai diri kita. Menariknya, pelayanan yang tulus dan tanpa mementingkan diri sendiri cenderung memberikan imbalan yang penuh arti. Albert Schweitzer mengatakan, "Saya tidak tahu apa takdir Anda kelak. Namun, ada satu hal yang saya ketahui: siapa pun di antara Anda yang akan menjadi benar-benar bahagia adalah mereka yang telah mencari dan menemukan bagaimana caranya melayani."

MELAYANI DENGAN PENUH KEYAKINAN

Allah telah membekali masing-masing dari kita untuk melayani. Dengan melayani sesama, secara bersamaan kita telah melayani-Nya. Salah satu cara yang paling mudah untuk mempersiapkan hati kita untuk melayani sesama adalah melalui doa. Berdoa bagi orang lain secara misterius menghantarkan berbagai kebutuhan mereka secara langsung sampai pada level hati. Apabila Anda menemukan diri Anda berurusan dengan seorang pelanggan yang sulit, cobalah untuk mendoakan mereka dengan menyebut nama mereka. Mintalah kepada Allah untuk menggunakan interaksi Anda dengan mereka sebagai berkat bagi kehidupan mereka. Menakjubkan. Betapa mudahnya melayani seseorang dengan mendoakan mereka. Sebagai seorang karyawan, ungkapan pelayanan yang lebih besar seperti apa yang dapat Anda tunjukkan kepada orang yang mempekerjakan Anda selain mendoakan perusahaan, para pimpinan, dan rekan-rekan kerja Anda?

Apabila Anda berada dalam jajaran pimpinan, seberapa sering Anda menyebut nama orang-orang yang Anda pimpin dalam doa? Perusahaan saya memiliki lebih dari 200 karyawan yang tersebar di lebih dari lima belas lokasi. Walaupun saya tidak memiliki hubungan personal yang dekat dengan setiap karyawan, saya masih bisa berdoa bagi mereka dengan menyebut nama mereka. Suatu hal menarik terjadi ketika saya menyebut nama setiap karyawan saya dalam doa. Dalamnya perhatian yang saya miliki semakin berkembang setiap saya mendoakan mereka dengan menyebut nama mereka satu per satu.

Doa memang suatu tindakan pelayanan yang sederhana, tetapi begitu sering dilupakan, khususnya di tempat kerja.

Hati yang penuh dengan semangat pelayanan memuliakan Allah dengan membantu sesama.

Untuk memahami pelayanan yang bersinar, kita hanya perlu melihat contoh dari Yesus, yang mau turun dari takhta-Nya di surga, mengambil bagian sebagai seorang hamba di dunia (lihat Flp. 2:5-9). Lewat kesediaan-Nya untuk melayani kebutuhan orang lain, Yesus menyatakan kasih Allah yang sejati dalam semangat pelayanan. Untuk melayani sesama seperti Kristus, kita juga harus bersedia menyatakan hati yang memiliki semangat melayani. Hanya lewat kemurnian hati sosok pelayan cahaya Kristus dapat bersinar dalam diri kita. Allah telah memberikan hati untuk melayani sesama di dalam diri kita— kita hanya perlu untuk membiarkannya muncul.

Hati seorang pelayan memancarkan *kerendahan hati* untuk menjangkau hal-hal di luar diri kita, *kepedulian* untuk memperhatikan sesama dan *kemurahan hati* untuk membantu orang lain meraih keberhasilan. Dengan demikian, kita hanya perlu melakukan apa yang dikatakan Alkitab: "Layanilah seorang akan yang lain, sesuai dengan karunia yang telah diperoleh tiap-tiap orang sebagai pengurus yang baik dai kasih karunia Allah" (1 Ptr. 4:10).

Catatan akhir

1.   Max DePree, *Leadership Is an Art* (New York: Dell Publishing, 1989), 11.

BAB 2

Bersinar
dengan Kerendahan Hati

DAHULUKANLAH ORANG LAIN

Hendaklah tidak mencari kepentingan sendiri atau pujian yang
sia-sia, sebaliknya dengan rendah hati yang seorang menganggap
yang lain lebih utama dari pada dirinya sendiri.

(Flp. 2:3)

Beberapa tahun yang lalu, saya berhenti di suatu lokasi kerja untuk melihat beberapa bawahan saya. Mereka sedang mendemonstrasikan sebuah mesin kepada seorang pembeli potensial, dan saya ingin membantu. Bawahan kami sedang menggunakan sebuah mesin pengebor bawah tanah untuk memasang jalur serat optik baru di bawah area parkir di suatu kawasan bisnis. Mereka mengalami masalah. Sepotong pipa plastik tua membelit batang mesin pembuat terowongan yang kami miliki, membuatnya berhenti.

Kami semua tahu apa yang harus dilakukan. Seseorang harus merayap masuk ke lubang berlumpur dan memotong pipa tersebut. Karena tim kami telah bekerja keras sepanjang hari, saya menjadi relawannya. Dengan cepat, saya berganti pakaian mengenakan celana pendek dan masuk ke dalam lumpur, yang dengan cepat membenamkan saya dari ujung kepala hingga ujung kaki. Sambil berseru dan berteriak, rekan-rekan mengambil keuntungan besar dari situasi ini. Saya, tentu saja, tetap bekerja. Tiga puluh menit kemudian, saat saya memanjat naik keluar dari lubang dengan misi yang telah terselesaikan, semua orang bersorak gembira.

Dengan hanya mengenakan celana pendek kotor dan lima kilo lumpur, saya merasa begitu anggun ketika melenggang menuju truk saya. Pada saat itulah, pemilik perusahaan tempat kami mendemonstrasikan mesin muncul. Tanpa keluar dari kendaraannya, ia memandang ke arah saya, menurunkan jendela kaca mobil, dan bertanya kepada saya di mana atasan saya berada. Tanpa berbicara, saya mengangkat bahu dan menggerakkan tangan saya seolah-olah mengatakan, "Anda tengah memandangnya."

Wajahnya memerah saat ia mulai berteriak, "Anda benar-benar tidak profesional dan payah! Bagaimana mungkin Anda menunjukkan diri di tempat kerja seperti itu? Pergilah dari hadapanku sekarang juga!"

Pada saat itu, saya hanya masuk ke dalam truk saya dan pergi. Sampai hari ini, saya tidak tahu apakah ia pernah menyadari bahwa saya benar-benar bosnya. Hal yang penting adalah bahwa kami menyelesaikan pekerjaan dan menjual mesinnya. Menelan kebanggaan diri Anda cukup dapat menunjukkan kerendahan hati, yang dapat saya buktikan. Pada akhirnya, bagaimanapun juga, hal itu terbukti sangat bermanfaat.

BIARKANLAH SI EGO PERGI

Kerendahan hati mendahulukan orang lain. Sekalipun demikian, sulit untuk menjadi rendah hati ketika ego kuat bercokol dalam diri kita. Masalah-masalah yang terkait dengan ego menjadikan kita sulit untuk rendah hati.

- **Ego menggembung.** Kebanggaan yang berlebihan mengantar pada ambisi pribadi yang egois dan mempersubur ego yang tidak sehat. Kebanggaan menyulitkan upaya menempatkan kebutuhan orang lain di depan kepentingan kita.

- **Ego yang kempes.** Kebanggaan yang terlalu sedikit membatasi rasa penghargaan diri dan menyebabkan seorang pribadi bertanya-tanya bagaimana mereka bisa memberikan kebaikan bagi orang lain.

- **Ego yang rentan.** Sebagian orang berusaha menutupi rasa tidak aman mereka dengan memproyeksikan suatu rasa percaya diri yang keliru, yang mengakibatkan kesombongan.

Suatu tempat kerja yang tipikal dipenuhi dengan isu-isu ego. Untungnya, kerendahan hati dapat menenangkan segala bentuk permasalahan ego. Kerendahan hati menempatkan pusat perhatian kita pada orang lain dan memungkinkan ego kita tersembunyi di balik layar. Tanpa memandang keadaan ego kita, Alkitab menunjukkan kerendahan hati sebagai katalisator kemajuan yang penuh arti untuk jangka panjang. " ... Dan kamu semua, rendahkanlah dirimu seorang terhadap yang lain, sebab: 'Allah menentang orang yang congkak, tetapi mengasihani orang yang rendah hati.' Karena itu rendahkanlah dirimu di bawah tangan Tuhan yang kuat, supaya kamu ditinggikan-Nya pada waktunya" (1 Ptr. 5: 5–6).

Good to Great, buku terlaris tulisan Jim Collins, menguji perusahaan-perusahaan bagus yang, seiring dengan berlalunya waktu, menjadi perusahaan yang benar-benar luar biasa. Penelitian Collins meng-ungkap fakta yang menakjubkan. Pada semua perusahaan papan atas, transisi *good-to-great* (dari baik menjadi luar biasa) lahir di bawah kepemimpinan yang disebutnya dengan pemimpin Level 5. Collins menjelaskan, "Para pemimpin Level 5 menyalurkan kebutuhan ego mereka jauh dari diri mereka dan menempatkannya pada kebutuhan yang lebih besar, yaitu suatu perusahaan yang luar biasa."[1]

Kerendahan hati memungkinkan kita menjadi pemimpin sebagaimana Allah telah memanggil kita.

Bukanlah para CEO yang karismatik, menjual diri, dan angkuh yang memimpin perusahaan-perusahaan terkemuka ini. Mereka ada-lah para pelayan yang rendah hati, yang dengan sukarela mengesam-pingkan ego mereka untuk melayani kebutuhan organisasi. Pemimpin Level 5 oleh Collins didefinisikan sebagai pemimpin yang memiliki perpaduan luar biasa antara kerendahan hati pribadi dan keinginan profesional. Mereka memperlakukan pekerjaan mereka bukan melulu karena hal-hal yang akan mereka dapatkan tetapi terlebih bagaimana mereka dapat memberikan kontribusi untuk banyak hal.

Gembalakanlah kawanan domba Allah yang ada padamu, jangan de-ngan paksa, tetapi dengan sukarela sesuai dengan kehendak Allah, dan jangan karena mau mencari keuntungan, tetapi dengan pengabdi-an diri. Janganlah kamu berbuat seolah-olah kamu mau memerintah atas mereka yang dipercayakan kepadamu, tetapi hendaklah kamu menjadi teladan bagi kawanan domba itu (1 Ptr. 5:2–3).

BIARKANLAH
KEINGINAN AKAN KEHORMATAN PERGI

Hadapilah: Kita semua senang dilayani. Sebagian besar dari kita sangat membutuhkan perasaan pentingnya diri kita dan merasakan kesenangan yang luar biasa ketika orang lain melayani kebutuhan kita. Mungkin, dalam mempertahankan jabatan atau suatu posisi pekerjaan yang menuntut orang lain melayani kita, kita mulai merasa dikondisikan untuk itu. Betapa mudahnya kondisi semacam ini menyusup menjadi pola pikir yang begitu menginginkan kehormatan. Kita percaya bahwa kita mencari hak untuk dilayani. Sayangnya, semakin besar kita terikat pada hak-hak kita, semakin dalam kita menolak untuk memiliki kerendahan hati.

Apabila kita terbakar amarah karena seseorang di masa lalu dan masih merasa harus membalas dendam, kerendahan hati memberikan kita kesempatan untuk membiarkannya pergi dan tidak lagi mencari-cari bahkan untuk membuat penilaian. Alkitab mengajak kita untuk mengampuni orang-orang yang bersalah kepada kita, tanpa memedulikan betapa sulitnya hal itu (lihat Matius 18:21–35).

Selama bertahun-tahun, kami sudah mengungkap beberapa kasus karyawan yang melakukan pencurian, dengan berbagai cara, dari perusahaan kami. Dalam sekejap pemikiran mengenai anggota tim yang melakukan pencurian dari perusahaan kami membuat saya dipenuhi dengan amarah. Seiring dengan berjalannya waktu, saya menyadari tanggung jawab kami untuk menjalankan konsekuensi atas perilaku semacam itu dan, juga, untuk mengampuni mereka serta tidak menyimpan rasa dendam. Setiap pelanggaran atas suatu kepercayaan berujung pada pemberhentian karyawan dari perusahaan kami—dan pada tindakan mengampuni pribadi yang melakukannya. Konsekuensi pemberhentian membebaskan perusahaan kami dari perilaku yang tidak bisa diterima, sementara pada waktu yang sama, pengampunan membebaskan hati kami dari rasa memiliki hak untuk membalas dendam. Kerendahan hati bebas dari kebencian dan dendam.

> *Segala kepahitan, kegeraman, kemarahan, pertikaian dan fitnah hendaklah dibuang dari antara kamu, demikian pula segala kejahatan. Tetapi hendaklah kamu ramah seorang terhadap yang lain, penuh kasih mesra dan saling mengampuni, sebagaimana Allah di dalam Kristus telah mengampuni kamu (Ef. 4:31–32).*

Pengampunan, kadang kala, bisa jadi terlihat tidak praktis. Namun, kita telah dipanggil untuk mengampuni sesama kita sebagaimana Kristus telah mengampuni kita. Tindakan ini memerlukan kerendahan hati untuk tanpa henti menanyai diri kita sendiri:

- Apakah ada hak-hak yang dirasakan yang perlu saya singkirkan?
- Apakah saya perlu mencari pengampunan dari orang lain?
- Apakah ada seseorang yang perlu saya maafkan?

Pengampunan terletak pada inti hati yang bersahaja. Apakah kita memberi atau menerimanya, pengampunan merupakan suatu pengalaman membebaskan yang membuka hati kita untuk mengalami kegembiraan. Kerendahan hati adalah suatu kualitas yang andal untuk bekal hidup. Kerendahan hati menuntut kita untuk melepaskan hak-hak kita supaya kita memenuhi tanggung jawab kita. Ketika kita melepaskan hak kita untuk dilayani dan dengan rela memenuhi tanggung jawab kita melayani sesama, kita membuka diri kita untuk suatu kegembiraan yang jauh lebih besar dan untuk mengisi kehidupan kerja kita.

Sebagai CEO di perusahaan kami, saya menanggung begitu banyak tekanan agar semua hal terlaksana. Adakalanya seseorang akan menjatuhkan bola, menyeret benda-benda keluar, atau sekadar tidak memahami apa yang sedang kita upayakan untuk diraih. Dalam hal ini, adalah tanggung jawab saya untuk menjaga pihak lain tetap dapat dipertanggungjawabkan, mengomunikasikan harapan-harapan dengan jelas, dan menjaga perusahaan tetap maju secara bersama-sama. Kecenderungan dasar saya adalah membuat keputusan yang cepat dan terus bergerak maju tanpa memedulikan pandangan-pandangan lain. Saya berdalih, "Saya CEO-nya dan mereka bekerja untuk saya. Mereka akan melakukan apa yang saya katakan." Benar, hal ini menjaga kita terus bergerak. Sekalipun demikian, sikap semacam itu bukanlah suatu cerminan yang pantas dari Tuhan kita. Saya mengetahui bahwa kita harus memancarkan kemuliaan Allah dalam segala sesuatu yang kita lakukan. Kadang-kadang saya masih saja harus mengendalikan diri saya, menjaga agar tidak memberikan reaksi dalam perilaku tanpa nalar yang mementingkan diri sendiri. Konsekuensinya, muncul suatu singkatan sederhana dan familier yang senang saya gunakan untuk mengingatkan diri saya mengenai bagaimana saya semestinya bereaksi ketika cengkeram hak-hak saya terasa begitu kuat sehingga saya tidak mampu membiarkannya pergi:

J – Jesus (Yesus)
O – Others (Orang lain)
Y – Yourself (Diri Anda sendiri)

Jika kita memandang pekerjaan kita dari perspektif ini, cengkeraman hak akan melemah dan kerendahan hati mendapatkan kesempatan untuk bersinar di antara kita. Dengan pertama-tama memusatkan perhatian pada Yesus, kita secara bersamaan melayani orang lain. Hal ini tidaklah melunakkan tanggung jawab kita dalam cara apa pun. Sikap ini hanyalah mengarahkan kita ke depan dalam balutan pakaian yang jauh lebih terpadu. Apabila kita menyambut tugas kita dengan kegembiraan, kita akan jauh lebih suka memperoleh masukan dan dukungan dari orang lain. Kekuatan kita untuk mencapai kemampuan ini secara langsung datang dari Allah:

> TUHAN adalah kekuatanku dan perisaiku; kepada-Nya hatiku percaya. Aku tertolong sebab itu beria-ria hatiku ... (Mzm. 28:7).

Melayani sesama membawa jauh lebih banyak kegembiraan daripada melayani diri kita sendiri. Itulah sebabnya mengapa akar kehidupan yang penuh kegembiraan tumbuh begitu dalam di hamparan kerendahan hati.

PETIKLAH KEKUATAN

Sering kali, kata kerendahan hati dipahami secara keliru sebagai kelemahan, saat kerendahan hati sungguh-sungguh menyediakan kekuatan yang luar biasa. Perlu lebih dari sekadar kemampuan kita sendiri untuk mengatasi keinginan-keinginan egois dan untuk menempatkan orang lain di depan. Apabila seseorang bersikap kasar atau kejam terhadap kita, kerendahan hati memberikan kekuatan untuk tetap bertahan dan merasa aman, menghadapi kata-kata maupun perilaku mereka. Kenyataannya, kerendahan hati seperti teladan Kristus membuka hati kita untuk menerima kekuatan supernatural. Melalui kerendahan hati, kita mendapatkan kekuatan Allah dan tidak perlu mengkhawatirkan apa yang dipikirkan atau dikatakan orang lain tentang diri kita. Kita cukup aman dan kuat di dalam Dia untuk melayani dengan penuh keyakinan, tanpa memedulikan situasi yang ada.

Yesus telah memberikan teladan yang sempurna mengenai kekuatan yang ditemukan dalam kerendahan hati. Perhatikanlah posisi kekuatan dari mana Yesus datang ketika Dia dengan rendah hati melayani para murid-Nya:

Yesus tahu, bahwa Bapa-Nya telah menyerahkan segala sesuatu ke-pada-Nya dan bahwa Ia datang dari Allah dan kembali kepada Allah. Lalu bangunlah Yesus ... menuangkan air ke dalam sebuah basi, dan mulai membasuh murid-murid-Nya lalu menyekanya dengan kain yang terikat pada pinggang-Nya itu (Yoh. 13:3–5).

Itu terjadi dengan kekuatan dan kewenangan yang luar biasa bah-wa Yesus dengan senang hati melepaskan hak untuk dilayani dan, se-bagai gantinya, memilih untuk melayani dengan kerendahan hati.

Berkat keselamatan dalam Yesus Kristus, kita menjadi putra-putri Allah. Lebih dari itu, kehadiran-Nya di dunia sekarang ini, ada dalam segala sesuatu yang kita lakukan. Ini berasal dari posisi otoritas Keraja-an Surgawi yang kita warisi, yang memberikan kita kekuatan untuk melayani sesama kita dengan kekuatan kerendahan hati.

DAHULUKAN ORANG LAIN

Beberapa tahun yang lalu, para pemimpin di perusahaan kami bertemu untuk menentukan tujuan operasional perusahaan. Hingga batas ter-tentu, sasaran dan tujuan kami selalu terpusat pada penjualan peralat-an dan produk yang lebih banyak sambil meningkatkan penghasilan kami. Itulah waktunya bagi kami untuk mengubah arah pusat perha-tian kami dari menjual perkakas mesin ke melayani orang lain. Kami mengadopsi tujuan berikut, yang secara lebih baik membantu kami menentukan prioritas perusahaan kami mengenai siapa yang kami layani dan bagaimana kami melayani:

Tujuan 1: Hormatilah Allah

Kami akan menghormati Allah sebagai pengelola terpercaya atas sum-ber daya dan hubungan.

Tujuan 2: Majukan Kerja Tim

Kami akan memenuhi visi kami bersama-sama dengan menyatukan keterampilan dan usaha untuk sasaran-sasaran umum.

Tujuan 3: Pengembangan Karyawan

Kami akan membantu para karyawan kami meraih kemampuan penuh mereka dengan mengembangkan keterampilan mereka dan menaikkan kesejahteraan mereka.

Tujuan 4: Kepuasan Pelanggan

Kami akan menyediakan pelayanan dan dukungan untuk membangun hubungan yang loyal dan mendapatkan pujian.

Tujuan 5: Pertumbuhan Keuntungan

Kami akan menggunakan keuntungan untuk menumbuhkan, memajukan, menyediakan kebutuhan, dan memberikan perhatian pada komunitas kami dengan cara yang positif.

**Layanilah orang lain dengan kerendahan hati—
dahulukan orang lain.**

Kami telah menemukan bahwa mencari tujuan ini menjaga kami untuk bersikap rendah hati dan mengarahkan perhatian kami jauh dari agenda pribadi. Pertama dan terutama, kami, sebagai sebuah perusahaan, berkehendak melayani Allah dengan kerendahan hati. Kami tidak mengajarkan atau berusaha untuk memaksakan keyakinan kami kepada siapa pun. Namun, kami membuat jelas apa yang kami yakini dan siapa yang akhirnya hendak kami layani. Tidak setiap karyawan adalah orang Kristen. Harus Kristen tentu bukanlah syarat untuk menjadi karyawan di perusahaan kami. Sekalipun demikian, fokus perusahaan kami pada melayani Allah memberikan rasa aman yang mendalam bagi setiap karyawan tanpa memedulikan keyakinan mereka.

Kerja tim mengembangkan kerendahan hati dengan meningkatkan kesejahteraan tim di atas kesejahteraan pribadi sambil mencari misi bersama. Melayani karyawan kami dengan menyelenggarakan pelatihan, memberikan dorongan semangat, dan memberdayakan mereka telah membekali semuanya untuk pelayanan yang lebih baik. Pada akhirnya, memusatkan perhatian yang penuh kerendahan hati terhadap manusianya lebih dahulu daripada keuntungan, relasi di atas penghasilan, dan orang lain lebih dahulu daripada diri sendiri telah mengantar pada tercapainya pertumbuhan yang berkesinambungan, pengaruh yang positif dan kesempatan yang lebih luas. Suatu tempat kerja yang dipenuhi kerendahan hati sungguh dapat menjadi suatu tempat kerja yang penuh manfaat.

Catatan akhir

1.   Jim Collins, *Good to Great* (New York: Harper Collins, 2001), 22.

BAB 3

Bersinar
dengan Belas Kasih

TUNJUKKAN ANDA PEDULI

*Melihat banyak orang itu, tergeraklah hati Yesus oleh belas
kasihan kepada mereka, karena mereka lelah dan terlantar seperti
domba yang tidak bergembala.*
(Mat. 9:36)

Dampak kerusakan karena Badai Katrina yang menerjang kawasan
pesisir Mississippi dan Louisiana mengejutkan. Seorang teman
menyampaikan pengalaman langsungnya saat ikut serta dalam misi
penyelamatan di New Orleans yang diprakarsai oleh sebuah perusa-
haan telekomunikasi ternama. Perusahaan itu telah menunjuk 250
pekerja *call-center* yang bekerja di kawasan New Orleans. Mereka mela-
cak sinyal telepon seluler mereka untuk saling menghubungkan posisi
mereka, dan kemudian menjalankan misi untuk menyelamatkan para
karyawan dan keluarga mereka. Setelah menemukan karyawan
terakhir dan sepuluh anggota keluarganya, yang telah terjebak di lan-
tai dua sebuah apartemen, sebuah pertemuan diadakan. Sekitar 100

orang hadir dalam ruang konferensi, termasuk anggota tim eksekutif dan beberapa keluarga yang telah berhasil diselamatkan.

Sang CEO naik ke podium untuk berbicara, "Selama beberapa hari terakhir kita sudah melanggar beberapa peraturan di sini," katanya. "Kita sudah menembus batas dan mengerahkan segenap daya dan upaya kita. Baiklah, saya baru saja akan melanggar satu peraturan lagi."

Ia kemudian merogoh kantongnya dan mengeluarkan sebuah Alkitab. Setelah itu ia mulai membacakan perumpamaan tentang domba yang hilang dari Matius 18.

> *Bagaimana pendapatmu? Jika seorang mempunyai seratus ekor domba, dan seekor di antaranya sesat, tidakkah ia akan meninggalkan yang sembilan puluh sembilan ekor di pegunungan dan pergi mencari yang sesat itu? Dan aku berkata kepadamu: Sesungguhnya jika ia berhasil menemukannya, lebih besar kegembiraannya atas yang seekor itu dari pada atas yang kesembilan puluh sembilan ekor yang tidak sesat. Demikian juga Bapamu yang di sorga tidak menghendaki supaya seorang pun dari anak-anak ini hilang (Mat. 18:12–14).*

Pejabat eksekutif itu kemudian memandang keluarga dengan 11 orang yang baru saja diselamatkan dan berkata dengan penuh rasa belas kasih, "Kalian adalah domba yang hilang, dan kami tidak akan pulang tanpa kalian."

TUNJUKKAN ANDA PEDULI

Belas kasih menyatakan diri ketika kita menunjukkan kepada orang lain bahwa kita peduli. Lebih dari yang lainnya, belas kasih memberikan karakter untuk melayani orang lain. Kita bisa saja mengatakan bahwa kita peduli. Kita bahkan bisa juga bertindak seolah-olah kita penuh perhatian. Sekalipun demikian, belas kasih mengungkap perasaan dalam hati kita yang sebenarnya. Belas kasih sungguh menggerakkan kita untuk melayani sesama.

Perusahaan saya diberkati dengan banyak karyawan hebat. Tiap-tiap pribadi adalah unik dan memberikan kekuatan serta kemampuan tertentu yang berbeda-beda untuk tim kami. Meskipun para karyawan ini berbeda dalam banyak hal, mereka semua memiliki kualitas yang penuh belas kasih. Biasanya, para karyawan terbaik dalam berbagai bidang adalah mereka yang benar-benar memperhatikan orang lain dan mengungkapkan perhatian itu dengan cara melayani.

Secara naluriah, kita semua memiliki kerinduan untuk diperhati-kan. Sangatlah mengagumkan. Para pelangan selalu akan kembali ke-tika mereka mengetahui bahwa kami peduli. Sebaliknya, kurangnya rasa belas kasih akan mengakibatkan usaha apa pun mengeluarkan biaya yang tinggi. Penelitian yang dilakukan oleh American Society for Quality and the Quality and Productivity Center menunjukkan bahwa 68 per-sen pelanggan yang berpindah ke penyedia layanan lain melakukan hal serupa karena mereka ditolak dengan sikap acuh dari penyedia layanan yang sebelumnya.[1]

Pelaku bisnis yang cerdas memahami peranan penting bahwa melayani orang lain menentukan perolehan atau hilangnya konsumen. Hal serupa juga berlaku bagi para karyawan. Lingkungan kerja yang paling didambakan adalah suatu lingkungan kerja di mana para kar-yawannya diperhatikan, dihargai, dan diberdayakan untuk mencipta-kan suatu keanekaragaman. Ketika para karyawan mengetahui bahwa mereka dihargai dan diperhatikan, mereka pada gilirannya akan meng-hargai dan memperhatikan para konsumen. Dalam bisnis dan dalam kehidupan, belas kasih menjadi nyata ketika kita mengesampingkan ambisi pribadi kita sendiri dan dengan sungguh-sungguh menghen-daki pelayanan kita menjadi berkat bagi orang lain, tanpa memedulikan imbalan apa pun.

Terdengar berlebihan? Ini adalah suatu rahasia kecil: menunjuk-kan kepada seseorang bahwa kita peduli bukanlah sesuatu yang sulit apabila kita benar-benar peduli. "Hendaklah kamu saling mengasihi sebagai saudara dan saling mendahului dalam memberi hormat" (Rm. 12:10). Jika Anda menghadapi seseorang yang membutuhkan, jangan-lah sekadar memberikan mereka nasihat atau berusaha mengirimkan mereka kepada orang lain. Sebaiknya, lakukanlah yang terbaik untuk memahami dan membantu mereka, atau secara pribadi mengantarkan mereka ke suatu tempat di mana kebutuhan mereka dapat dilayani. Sering kali mereka yang kita layani memperoleh kenyamanan karena mengetahui bahwa kita cukup peduli untuk berusaha membantu me-reka. Itulah sebabnya begitu banyak masalah menjadi tidak terasa sulit ketika kita benar-benar masuk dalam situasi orang lain. Sebagian besar permasalahan dipecahkan bukan oleh mereka yang memiliki semua jawabannya, melainkan oleh mereka yang menunjukkan bahwa mereka peduli.

Sebagian besar permasalahan dipecahkan oleh mereka yang menunjukkan bahwa mereka peduli.

KETAHUILAH BAHWA ANDA PEDULI

Jika kita melayani orang lain hanya karena kita harus melakukannya, tindakan ini akan kelihatan. Kita tidak dapat pura-pura berbelas kasih. Peduli akan kesejahteraan orang lain menuntut suatu sikap hati yang bersinar dalam setiap jengkal keberadaan kita. Jika kita memiliki belas kasih sejati, orang akan:

- melihatnya
- merasakannya
- mengetahuinya.

Pikirkanlah suatu saat di mana Anda menerima pelayanan yang kurang baik dari seseorang. Orang tersebut meninggalkan Anda dengan kesan bahwa mereka tidak peduli. Sebuah kajian oleh Daniel Yankolovich mengungkapkan bahwa dua pertiga dari pelanggan tidak merasa dihargai oleh orang-orang yang melayani mereka.[2] Jelaslah bahwa hati yang penuh belas kasih sudah menjadi hal yang langka di tempat kerja saat ini.

Beberapa tahun yang lalu, saya menyaksikan, tepat di salah satu dari toko saya sendiri, salah satu contoh pelayanan terburuk yang pernah saya lihat. Seorang pelanggan berjalan masuk melewati pintu tanpa mendapatkan sambutan salam apa pun. Ia berjalan melewati tempat kami memajang produk-produk kami di mana perwakilan layanan pelanggan kami tengah sibuk di depan komputer. Setelah memencet-mencet tombol yang tampak bagaikan kegiatan abadi, bahkan tanpa mengangkat muka, karyawan kami berkata sambil menggerutu, "Ada yang bisa saya bantu?"

**Orang lain tahu kita peduli
ketika kita menunjukkan bahwa kita peduli.**

Ketika pelanggan itu mulai menjelaskan apa yang ia butuhkan, telepon berdering. Karyawan kami memotong pembicaraan pelanggan, meraih telepon dan berteriak menjawab telepon itu, "Bagian suku cadang!" Si pelanggan kemudian berdiri di sana menunggu hingga pembicaraan telepon itu selesai.

Tidak ada belas kasih dalam contoh tersebut. Sekalipun demikian, sebelum Anda terlalu menghakimi, pikirkanlah bahwa masing-masing dari kita sering melakukan kesalahan dalam bentuk perilaku serupa. Pernahkah putra Anda meributkan sesuatu yang hanya berakhir dengan pertanyaan, "Apakah Ayah/Ibu mendengarkan saya?" Pernahkah suami atau istri Anda berusaha untuk berbicara dengan Anda sementara Anda tengah asyik menonton televisi atau membaca?

HADIRLAH

"Ketika pertama kali saya datang untuk bekerja di tempat ini, saya tidak menyukai Anda. Saya berpikir bahwa Anda menjaga jarak dan pongah. Anda berjalan berkeliling tanpa menghiraukan dan jarang memperhatikan siapa pun. Namun sekarang, setelah berada di sini untuk sekian lama, saya tahu bahwa Anda tidaklah seburuk itu. Sekarang saya tahu Anda benar-benar memperhatikan orang lain. Karena Anda selalu memiliki hal-hal yang lain dalam benak Anda, Anda hanya tidak menunjukkan kepedulian itu."

Saya tidak tahu caranya memberikan tanggapan ketika seorang karyawan muda memberikan pencerahan kepada saya dengan informasi ini beberapa tahun yang lalu. Ia berusaha memberi saya penghiburan. Namun, itu tentu saja tidak terasa sebagai suatu penghiburan.

Saya adalah seorang pemimpin dan pemikir yang terfokus. Jika tidak berhati-hati, saya bisa saja menjadikan semuanya terbungkus dalam dunia saya sendiri dan kehilangan semua yang bergerak, bernapas dan terjadi di sekitar saya. Sungguh, saya benar-benar peduli terhadap orang lain. Saya hanya tidak cukup sering menunjukkannya. Keinginan saya adalah tiap-tiap karyawan mengetahui bahwa saya memperhatikan mereka. Akan tetapi, hal ini tidak terjadi dengan sendirinya. Ini menuntut empati yang mendalam.

Empati adalah kemampuan untuk memasuki, memahami, dan berbagi perasaan orang lain. Jika kita menginginkan orang lain tahu bahwa kita peduli, tanggung jawab kita adalah menunjukkan bahwa kita peduli. Sebagian besar orang tidak akan menunggu lama untuk mengetahui bahwa kita benar-benar peduli. Mereka pada umumnya membuat keputusan itu dengan cepat. Belas kasih sering kali menuntut kita agar menyingkirkan pikiran kita sendiri dan sekadar berada di sana untuk seseorang.

Cara paling baik untuk mengungkapkan empati adalah mendengarkan dengan penuh perhatian. Ini lebih sulit daripada yang terdengar karena mendengarkan bukanlah sekadar mendengar. Kita harus menangkap makna lebih dalam ketika orang lain berbicara dengan kita. Berikut ini adalah beberapa cara yang dapat membantu.

Mengajak. Pandanglah mata mereka dan berikan perhatian Anda sepenuhnya kepada mereka. Ulangilah hal-hal penting yang dibicarakan, tanyalah agar jelas, dan tunjukkan minat yang sebenarnya. Ini meyakinkan bahwa Anda mendengar apa yang mereka katakan. Ini juga menjaga Anda tetap memperhatikan.

Berpikiran terbuka. Simpanlah opini Anda sehingga Anda dapat sepenuhnya memahami pribadi lain. Ini membantu Anda lebih memahami mereka, sebagaimana mempersiapkan Anda untuk mengungkapkan pandangan Anda dengan lebih baik pada waktu yang tepat.

Menunggu. Janganlah menebak maksud mereka, memotong pembicaraan, atau menyelesaikan kalimat yang mereka katakan. Mendengarkan adalah tentang mereka, bukan Anda. Semakin banyak mereka berbicara, semakin banyak Anda dapat mempelajari.

Terhubung. Cara terbaik untuk mengaitkan hati adalah dengan membuka telinga Anda. Mendengarkan dengan empati akan memungkinkan kata-kata mereka menyentuh perasaan Anda dan menghubungkan kalian dari hati ke hati.

Luwes. Anda harus mau mengubah pikiran Anda, jika memang perlu. Ini tidak berarti bahwa Anda menghilangkan nilai-nilai yang Anda miliki atau mematikan otak Anda. Meskipun demikian, Anda perlu untuk mengurangi sikap menjaga diri dan menjadi lebih terbuka untuk menyesuaikan pandangan Anda berdasarkan informasi yang Anda dapatkan dari orang lain.

Cara mendengarkan semacam ini terjadi ketika kita benar-benar berbelas kasih dan mau hadir bagi orang lain. Hal ini meminta kita untuk mengesampingkan hal-hal lain dan memberikan perhatian kita sepenuhnya kepada orang yang berbicara kepada kita.

LAKUKANLAH SESUATU

Belas kasih menuntut lebih dari sekadar perasaan dan empati. Kita harus mengungkapkan perhatian kita lewat tindakan nyata. Kita dapat mendengarkan, memahami, dan menunjukkan empati. Namun, kita belum menunjukkan seberapa besar kepedulian kita hingga kita melakukan sesuatu. Yakobus 2:17 mengatakan kepada kita bahwa iman tanpa perbuatan adalah mati. Namun, perhatian tanpa tindakan nyata sama sekali tidak berharga.

Seberapa sering kita mengatakan, "Saya akan mendoakan Anda," dan kemudian meninggalkannya tanpa suatu tindakan apa pun? Meskipun kita dengan jelas harus mendoakan, belas kasih yang asli sering kali menuntut kita untuk bersikap lebih dari sekadar berdoa. Untuk menunjukkan belas kasih sejati, kita semestinya mengikuti teladan Yesus:

> *Ada dua orang buta yang duduk di pinggir jalan mendengar, bahwa Yesus lewat, lalu mereka berseru: "Tuhan, Anak Daud, kasihanilah kami!" ... Lalu Yesus berhenti dan memanggil mereka. Ia berkata: "Apa yang kamu kehendaki supaya Aku perbuat bagimu?" Jawab mereka:*

"Tuhan, supaya mata kami dapat melihat." Maka tergeraklah hati Yesus oleh belas kasihan, lalu Ia menjamah mata mereka dan seketika itu juga mereka melihat lalu mengikuti Dia (Mat. 20:30–34).

Perhatikanlah apa yang ditanyakan Yesus kepada kedua orang buta dalam bacaan di atas: "Apa yang kamu kehendaki supaya Aku perbuat bagimu?" Sekalipun Dia tahu bahwa mereka membutuhkan, tetap saja Dia mengajukan pertanyaan.

Suatu pertanyaan penting untuk diajukan kepada mereka yang kita layani adalah: "Apa yang dapat saya lakukan untuk Anda?" Mengajukan pertanyaan berarti mengomunikasikan perhatian kita. Mendengar kebutuhan mereka berarti memberikan kesempatan khusus untuk menanggapi dengan belas kasih. Jika kita mampu menanggapi kebutuhan itu, kita seharusnya melakukannya. Seperti Kristus, kita harus berhubungan dengan orang lain, merasakan rasa sakit mereka, dan melakukan apa yang bisa kita lakukan.

TINDAK LANJUTI

Salah satu cara paling sederhana untuk menunjukkan bahwa kita peduli dengan seseorang adalah menindaklanjuti untuk melihat cara mereka melakukannya. Jika seorang rekan kerja telah membagikan sesuatu dengan kita, tindak lanjut kita dengan mereka menjadi pernyataan yang kuat bahwa kita benar-benar peduli. Jika saat ini kita sudah melayani seorang pelanggan, telepon atau catatan pengingat pada pelanggan tersebut menyertai. Paling tidak kita semestinya menanyakan:

- Apakah pelayanan kami berharga bagi Anda?
- Apakah kami telah melakukan sesuai yang kami janjikan?
- Bersediakah Anda merekomendasikan pelayanan kami kepada orang lain?

- Bagaimanakah caranya supaya kami dapat melayani Anda dengan lebih baik untuk ke depannya?

Tindak lanjut memberikan suatu kesempatan untuk melihat bagaimana pelayanan kita sajikan. Ini juga merupakan suatu peluang untuk mengetahui bagaimana kita bisa melayani mereka lebih baik lagi pada waktu yang akan datang. Yang paling penting, tindak lanjut jelas mengomunikasikan seberapa besar kita peduli.

Rumusan untuk menunjukkan belas kasih adalah sederhana:
- bertanya
- mendengarkan
- berempati
- mengambil tindakan
- menindaklanjuti

Apakah itu mengulurkan tangan, memasang telinga, ataupun memberikan dukungan, lakukanlah apa yang bisa Anda lakukan untuk membantu memperbaiki situasi orang lain.

Catatan akhir

1. Lisa Ford, David McNair, Bill Perry, *Exceptional Customer Service* (Holbrook, MA: Adams Media Corp, 2001), 6.
2. *Ibid*, 7.

BAB 4

Bersinar
dengan Kemurahan Hati

MELEBIHI PENGHARAPAN

Orang yang menabur sedikit, akan menuai sedikit juga, dan orang
yang menabur banyak, akan menuai banyak juga.

(2 Kor. 9:6)

Antusiasme yang luar biasa dan pelayanan yang penuh dengan kemurahan hati dari seorang pelayan membantu saya untuk mengolah visi SHINE dengan lebih baik. Saya sedang makan malam bersama beberapa rekan bisnis ketika, dalam pandangan saya, pelayan terbaik di dunia ini mulai membereskan meja di sebelah kami. Ia memiliki fokus, rencana apik yang sudah di luar kepala, dan antusiasme yang tak tertandingi. Ia juga menyelesaikan tugasnya dengan mulus. Bahkan, belum pernah ada dalam sejarah penyajian makanan, orang yang lebih efisien menjadikan meja kotor tertata dan bersih, siap untuk tamu berikutnya.

Saya tidak bisa berhenti melihat pelayan ini ketika ia bekerja—menyuguhkan pertunjukan menawan yang sama dari waktu ke waktu.

Yang lain pun memperhatikan juga, sampai akhirnya keseluruhan restoran akan terkesima, tepat pada pusat perhatian, setiap kali ia membereskan meja. Malam itu, saya tidak bisa tidur setelah menjadi saksi pelayan itu saat bekerja. Gambaran tentang pelayan terhebat di dunia itu tidak akan pernah pergi dari benak saya. Namun, lebih dari itu, saya mendapati diri saya bertanya-tanya apakah orang pernah memberikan saya tepuk tangan untuk pekerjaan yang saya lakukan. Maukah seseorang berhenti sejenak untuk mengatakan, "Di sini hidup seorang *salesman* traktor yang sudah melakukan tugasnya dengan baik"?

Kemudian saya benar-benar mulai bermimpi—membayangkan tepuk tangan setiap kali saya berbicara kepada seorang karyawan atau melayani seorang pelanggan karena pelayanan istimewa yang sudah saya berikan. Saya memimpikan seluruh perusahaan saya terselenggara dengan sedemikian baiknya sehingga perusahaan saya akan bersinar dari pancaran keberhasilannya sendiri.

Saya belum pernah sungguh-sungguh mendengar suara Allah yang bisa ditangkap telinga. Namun, pada waktu itu, saya merasakan seolah-olah Dia berkata secara langsung kepada hati saya. Itulah saatnya bagi saya untuk membuat beberapa penyesuaian dalam pelayanan. Allah telah menunjukkan bahwa usaha-usaha saya dapat benar-benar bersinar, meskipun bukan berbangga diri. Sekalipun demikian, melalui karya-Nya yang dikerjakan di dalam dan dengan perantaraan saya, orang lain akan memuji Dia. Alkitab memberikan arahan kepada kita:

> *Bangkitlah, menjadi teranglah, sebab terangmu datang, dan kemuliaan* TUHAN *terbit atasmu. Sebab sesungguhnya, kegelapan menutupi bumi, dan kekelaman menutupi bangsa-bangsa; tetapi terang* TUHAN *terbit atasmu, dan kemuliaan-Nya menjadi nyata atasmu (Yes. 60:1–2).*

LAMPAUILAH HARAPAN

Martin Luther King, Jr. berkata:

Apabila seseorang dipanggil untuk menjadi seorang penyapu jalan, ia semestinya menyapu jalan sama seperti Michelangelo melukis, atau Beethoven menggubah musik, atau Shakespeare menulis puisi. Ia semestinya menyapu jalan dengan sedemikian baiknya sehingga semua penghuni Surga dan bumi akan berhenti sejenak untuk mengatakan: "Di sini hidup seorang penyapu jalan yang telah melakukan pekerjaannya dengan baik."[1]

Pernahkah Anda menerima pelayanan istimewa seperti itu, yang memang pantas mendapatkan tepukan tangan? Ingatlah peristiwa di mana Anda terakhir kali menerima pelayanan luar biasa yang sepenuhnya melampaui harapan Anda. Sering kali, contoh-contoh semacam itu sulit untuk diingat.

Sekarang, cobalah memikirkan saat terakhir Anda menerima pelayanan yang tidak menyenangkan. Hal itu tentu saja, lebih mudah untuk diingat. Saya pernah membaca bahwa rata-rata pelanggan akan mengingat pelayanan yang istimewa untuk kurun waktu sekitar 18 bulan, tetapi akan mengingat pelayanan yang tidak menyenangkan selama kurang lebih 23,5 tahun. Sungguh perbedaan yang mencolok! Faktanya adalah bahwa tidak seorang pun mengingat pelayanan yang biasa-biasa saja. Pelayanan yang biasa-biasa saja tidak pernah mendapatkan pujian.

Syukurlah, kemampuan untuk memberikan pelayanan yang murah hati sepenuhnya ada dalam kendali kami. Sering kali, kesempatan untuk melayani muncul tersamar sebagai masalah. Penting untuk kita sadari bahwa orang yang memiliki masalah atau kepedulian tidak mencari seseorang untuk dipermalukan. Mereka tengah mencari seseorang untuk melayani kebutuhan mereka. Sering kali, kita keliru menyalahkan sesuatu yang berada di luar batas kendali kita dan bukannya menawarkan pelayanan yang memberikan perbaikan dalam wilayah yang dapat kita kendalikan. Meminta maaf atau menyalahkan orang lain tidak pernah mengantar kita untuk melampaui harapan.

Sebagai contoh, sebagai sebuah *dealer* peralatan, perusahaan saya tidak mampu mengontrol kualitas atau desain produk yang kami tawarkan. Itu adalah tanggung jawab pabrik. Sekalipun demikian, kami tentu saja mengontrol tingkat daya dukung dan pelayanan pelanggan yang kami berikan. Jika suatu produk peralatan gagal, sikap kami untuk menyalahkan pabrik tidak pernah membantu siapa pun merasa lebih baik. Tidak seorang pun memedulikan siapa yang harus disalahkan atas kegagalan ini. Mereka hanya ingin peralatan itu berfungsi. Karena kami tidak dapat mengontrol kualitas produk, kami memusatkan perhatian pada usaha kami mengatur hal yang kami mampu: pelayanan kepada pelanggan kami.

**Kami melayani orang lain
karena Allah memanggil kami untuk melayani.**

Dalam industri kami, pertanyaan kunci telah beralih dari "Apa produk yang terbaik?" ke "Siapa yang bisa memberikan pelayanan yang terbaik?" Para pelanggan dewasa ini memiliki begitu banyak pilihan produk yang berkualitas. Jadi, produk itu sendiri telah menjadi kurang penting. Sesuatu yang sepenuhnya baru sudah muncul dalam dunia industri. Penelitian menunjukkan bahwa dalam banyak industri, keputusan pelanggan untuk membeli kira-kira sepuluh persennya didasarkan pada kualitas produk dan sembilan puluh persen pada kualitas pelayanan. Tren ini menjadi kabar yang luar biasa bagi perusahaan yang memiliki semangat pelayanan karena tingkat pelayanan yang kami sajikan kepada orang lain sepenuhnya berada dalam kendali kami.

Jelas, bisnis yang meraup keuntungan kompetitif terbesar di masa mendatang adalah mereka yang melayani dengan murah hati. Para karyawan yang melayani dengan murah hati akan memberi dampak terbesar. Namun, sebelum kita dapat melayani dengan murah hati, kita perlu memahami perbedaan antara melayani dan menyenangkan orang lain. Melayani dengan murah hati tidak berarti berusaha membuat semua orang senang. Kita tidak melayani orang lain untuk menyenangkan mereka; kita melayani orang lain karena Allah telah memanggil kita untuk melayani. Melayani dengan murah hati berarti memberikan yang terbaik yang kita miliki kepada semua pihak yang terkait. Ini mengandung tanggung jawab untuk melayani Tuhan dengan melayani sesama. Karena itu, tujuan kami bukanlah untuk menyenangkan orang, tetapi untuk melayani sebagaimana telah diperintahkan Allah. Untuk membawa pelayanan kita menuju tingkat tertinggi, kita sebaiknya melayani layaknya kita sedang melayani-Nya secara pribadi.

Apa pun juga yang kamu perbuat, perbuatlah dengan segenap hatimu seperti untuk Tuhan dan bukan untuk manusia (Kol. 3:23).

Karyawan yang melulu melayani diri sendiri dan hanya ingin memperoleh keinginannya akan jarang dihargai tinggi. Namun, seorang karyawan yang melayani dengan murah hati memuliakan Allah dan meningkatkan nilai pribadinya di hadapan yang mempekerjakannya, para pelanggannya, dan dirinya sendiri. Art Linkletter mengatakan, "Lakukanlah sedikit lebih banyak daripada bayaran yang kamu terima. Berikanlah sedikit lebih banyak daripada yang harus kamu berikan. Berusahalah sedikit lebih keras dari yang kamu inginkan. Capailah sedikit lebih tinggi daripada yang mungkin kamu pikirkan. Dan persembahkanlah rasa syukur yang besar kepada Allah atas kesehatan, keluarga, dan teman-teman."[2]

MELAYANI TANPA SYARAT

Melayani dengan murah hati meminta kita mengambil inisiatif untuk melayani. Kita tidak bisa duduk diam di meja kerja kita menunggu kesempatan datang menghampiri kita. Janganlah menunggu datangnya suatu waktu yang lebih baik. Ambillah kesempatan untuk melangkah dan mendekati seseorang, melayani kebutuhan mereka, dan menciptakan dampak yang positif. Ini baik untuk kita, sesama, dan bisnis. Pelayanan yang berinisiatif dan proaktif tanpa tuntutan adalah langkah pertama untuk melampaui harapan.

Pelayanan yang murah hati melampaui untuk apa kita dibayar. Ini adalah suatu pilihan yang kita buat untuk memberikan lebih dari sekadar yang kita harapkan. Pelayanan yang murah hati tidak pernah merupakan pelayanan yang pilih-pilih. Posisi seseorang, lingkungan kehidupan, atau kepentingan kekerabatan sebaiknya tidak menjadi persoalan. Sejalan dengan itu, mudah bagi kita untuk melayani orang-orang yang kita kenal dan kita suka, tetapi jauh lebih sulit untuk melayani mereka yang tidak kita kenal dan tidak kita suka. Hal yang sama, mudah bagi kita untuk melayani ketika kita sudah memperhitungkan adanya imbalan, tetapi tidaklah mudah ketika kita melihat tidak ada keuntungan yang jelas. Tentu saja, jika kita harus melayani dengan murah hati, kita harus mau melayani siapa saja, tanpa penilaian yang semena-mena.

Ayah saya menceritakan sebuah cerita yang menggambarkan hal ini dengan cukup baik. Setelah seminggu penuh, ayah saya siap untuk pulang berkumpul dengan keluarga. Namun, dalam perjalanan menuju mobilnya, beliau bertemu seorang lelaki setengah baya yang mengenakan pakaian kumal dan mengendarai sebuah truk usang. Orang itu berkata bahwa ia ingin melihat mesin transplantasi tanaman untuk suatu proyek lokal. Dari penampilan lelaki itu, ayah saya beranggapan beliau hanya akan membuang-buang waktu saja. Sekalipun demikian, beliau

mengajak lelaki itu ke tempat penyimpanan peralatan dan dengan ter-
buru-buru menyajikan presentasi. Orang itu kelihatan terkesan. Ia ber-
kata kepada ayah saya bahwa ia akan membeli satu mesin pada hari
Senin. "Saya tidak akan pernah bertemu laki-laki itu lagi," pikir ayah
saya ketika beliau mengemudi pulang malam itu.

Beliau benar. Beliau tidak pernah melihat pribadi yang sama lagi.
Namun, hal pertama yang terjadi pada Senin pagi, beliau melihat se-
orang manajer properti, yang memberikan selembar cek kepadanya
untuk membeli sebuah mesin transplantasi tanaman yang baru. Da-
lam percakapan dengan manajer properti itu, ayah saya baru tahu bah-
wa lelaki yang telah ditolongnya pada Jumat malam itu adalah Kemmons
Wilson, pendiri Holiday Inn. Tuan Wilson membeli mesin transplantasi
tanaman untuk sebuah proyek pengembangan besar yang dimilikinya.

Pelayanan yang murah hati tidak memperhatikan status yang kita
lihat. Cara luar biasa untuk memikirkan hal ini adalah mengingat bah-
wa kita tidak akan pernah bertemu siapa pun yang tidak berarti bagi
Allah. Dia memperhatikan kita semua.

*Hendaklah kamu sehati sepikir dengan hidupmu bersama; janganlah
kamu memikirkan perkara-perkara yang tinggi ... Lakukanlah apa
yang terbaik bagi semua orang (Rm. 12:16–17).*

PERGILAH LEBIH JAUH

Ketika Yesus hidup di dunia, bangsa-Nya diatur oleh Hukum Romawi.
Dalam periode sejarah ini, tentara Romawi dapat meminta orang Israel
untuk menghentikan apa pun yang sedang mereka lakukan dan me-
layani orang-orang Romawi itu, dengan membawa perlengkapan me-
reka sejauh satu mil, kapan saja. Itulah hukum yang berlaku. Dapat
dipahami, hukum ini tidaklah populer di kalangan penduduk. Mereka

memandangnya sebagai suatu tanda yang jelas adanya penindasan di bawah penjajahan Romawi.

Namun, Yesus memiliki pandangan yang benar-benar berbeda. Dia tidak mengeluh. Dia mendorong para pengikut-Nya untuk melakukan lebih dari yang dituntut oleh hukum. "Dan siapa pun yang memaksa engkau berjalan sejauh satu mil, berjalanlah bersama dia sejauh dua mil" (Mat. 5:41). Dengan kata lain, selalu lampauilah harapan. Bayangkan dampak potensial ketika kita, alih-alih dengan menggerutu dan melayani tuntutan secara minimal, dengan murah hati memilih untuk melayani melampaui harapan.

Terlalu sering dewasa ini, kita memandang pekerjaan kita hanya sebagai lambang dari penindasan diri kita sendiri. Itulah sebabnya orang dengan cepat menentukan standar yang sangat rendah untuk melaksanakan tugas mereka—hanya melakukan sekadarnya saja. Sebagai contoh, banyak dari kita yang berpikir atau mengatakan:

- *Ini adalah pekerjaan lama yang sama, hanya beda hari.*
- *Ini bukan masalah saya; orang lainlah yang keliru.*
- *Mereka tidak membayar saya sepadan dengan yang harus saya lakukan.*
- *Ini bukan tugas saya; biarkan orang lain yang melakukan.*
- *Tidak seorang pun menghargai apa yang saya kerjakan.*
- *Saya tidak bisa percaya bahwa mereka mengharapkan hal seperti ini dari saya.*

Pernyataan-pernyataan semacam ini semuanya menggambarkan pemikiran mil pertama. Mereka muncul dari kedalaman rasa kasihan terhadap diri sendiri dan mengungkap pola pikir "Saya tertekan". Namun, Yesus memanggil kita untuk pergi melewati standar minimal. Dia memangil kita untuk bangkit mengatasi sikap tertekan, untuk berhenti mengkhawatirkan apa yang adil, dan untuk memusatkan perhatian pada apa yang benar. Mil pertama adalah melakukan apa yang diharapkan. Mil yang kedua dipusatkan pada bergerak melebihi dan melampaui harapan untuk melayani dengan murah hati. Mil kedua melampaui pengharapan. Pada mil kedualah kita bersinar dalam pekerjaan. Pernyataan pada mil kedua seperti:

- *Merupakan kesempatan luar biasa untuk melayani.*
- *Saya menyesal hal itu terjadi pada Anda; bagaimana caranya saya bisa membantu?*
- *Terima kasih telah memberikan kesempatan ini; saya sangat menghargainya.*
- *Saya akan melakukan yang terbaik untuk melayani kebutuhan Anda.*
- *Apa lagi yang dapat saya lakukan untuk Anda?*
- *Bagaimana caranya agar saya bisa melayani Anda lebih baik pada saat yang akan datang?*

Dalam buku *The Generosity Factor*, Kenneth Blanchard dan S. Truett Cathy menuliskan: "Banyak orang berkata bahwa mereka peduli dengan orang lain, tetapi mereka tidak benar-benar melakukan apa pun yang berhubungan dengan hal itu. Kemurahan hati adalah sepenuhnya tentang memperhatikan kebutuhan orang lain, kemudian bertindak untuk memenuhi kebutuhan itu ... tentang keseimbangan ... tentang menyediakan dirinya."[3]

Kemurahan hati mencerminkan usaha kita memberikan segala yang kita miliki dari kedalaman hati kita. Bahkan, kita juga sering disesatkan oleh permohonan maaf yang sepertinya benar. Mungkin kita tidak merasakan dengan baik, memiliki hal lain dalam pikiran kita, atau tidak bertemu langsung dengan si bos. Berbagai kebingungan terjadi dalam keadaan ini. Sekalipun demikian, kita harus bangkit mengatasi penyesalan dan tantangan. Ketika kita menyadari bahwa kita bekerja bagi Allah dan bukan untuk manusia, hal ini sangat memudahkan kita untuk menemukan motivasi guna bangkit dan memberikan upaya terbaik kita.

Kita dapat memberikan upaya terbaik kita ketika kita menyadari bahwa kita bekerja bagi Allah dan bukan untuk manusia.

Latihan yang membantu adalah memvisualisasikan Allah tengah melihat setiap gerak yang kita lakukan ketika kita melaksanakan tugas kita. Itu semestinya sedikit meningkatkan antusiasme kita! Sebagai pengikut Kristus, kita sebaiknya melayani Dia dengan kemurahan hati, tanpa memedulikan kondisi pribadi. Ketika kita memancarkan karunia kemurahan hati dari Allah, dampak yang dihasilkan jauh melampaui upaya yang kita lakukan sendiri. Kemudian tujuan kita menjadi keagungan yang ditemukan dalam tindakan melayani orang lain—kemurahan hati karena memberi lebih untuk kehidupan daripada yang kita peroleh. Kita melayani orang lain dengan kemurahan hati. Melampaui beragam pengharapan.

Catatan akhir

1. Martin Luther King, Jr., www.quotationspage.com (diakses 15 November 2007).
2. Mark Victor Hansen dan Joe Batten, *The Master Motivator* (Deerfield Beach, FL: Health communications, Inc., 1995), 70.
3. Kenneth H. Blanchard dan S. Truett Cathy, *The Generosity Factor* (Grand Rapids, MI: Sodervan, 2002), 43.

Misi Pelayanan Saya

RINGKASAN

Prinsip Pertama: Setia Melayani Sesama

Salah satu kunci untuk bersinar melampaui apa yang ada adalah mencari misi yang dinyatakan secara jelas yang terpusat pada melayani orang lain. Misi perusahaan saya adalah "mencari pengakuan lewat melayani dengan penuh integritas." Hal ini menuntut pemusatan perhatian pada melayani sepenuhnya sehingga orang lain akan menyampaikan hal-hal baik dari pelayanan kami kepada yang lainnya. Yang mungkin disesali, kami sering kali mengecewakan dan adakalanya melenceng dari misi kami. Sekalipun demikian, misi perusahaan kami dengan jelas menunjukkan maksud kami dan membantu mempertahankan posisi kami pada jalurnya. Ketika kami tahu apa misi kami, kami lebih senang untuk meraih sukses dalam pandangan kami sendiri maupun orang lain. Suatu misi pelayanan memungkinkan kami mengevaluasi diri kami sendiri dan menjaga kami untuk tidak memburu hal-hal yang akan membelokkan kami dari tujuan-tujuan kami.

Keindahan semangat pelayanan adalah bahwa setiap orang dapat melayani suatu misi. Semangat pelayanan tidak menuntut jabatan yang sesuai keinginan, suatu tatanan pengetahuan, atau pengalaman yang luas. Semangat pelayanan secara sederhana bersinar melalui hati seorang pelayan. Alkitab memberitahukan kepada kita "Barangsiapa terbesar di antara kamu hendaklah menjadi pelayanmu" (Mat. 23:11).

Penerapan

1. Siapa yang Anda layani dengan pekerjaan Anda?
2. Bagaimana caranya Anda meningkatkan pelayanan Anda kepada orang lain?
3. Apa yang dapat Anda lakukan dalam lingkungan tempat Anda bekerja untuk menjadi model kualitas pribadi berikut?
   a. kerendahan hati
   b. belas kasih
   c. kemurahan hati
4. Bagaimana Allah bisa menggunakan Anda untuk melayani orang lain dalam pekerjaan?

Renungkanlah:

Apakah misi pelayanan Anda?

PERNYATAAN NILAI INTI

Hati yang penuh dengan semangat pelayanan memuliakan Allah dengan membantu orang lain.

HORMATI ALLAH

Tetapi carilah dahulu Kerajaan Allah dan kebenarannya, maka semuanya itu akan ditambahkan kepadamu.

(Mat. 6: 33)

BAB 5

Nyalakan Api Kesetiaan

JIWA YANG SETIA MEMATUHI KEHENDAK ALLAH

Janganlah kiranya kasih dan setia meninggalkan engkau!
Kalungkanlah itu pada lehermu, tuliskanlah itu pada loh hatimu

(Ams. 3:3).

Baru-baru ini kami meminta beberapa anggota tim pemasaran kami untuk mendeskripsikan suatu model peran pribadi yang memberikan dampak kuat pada kehidupan mereka. Salah satu yang paling menarik berasal dari seorang pemuda bernama Curt, yang memilih pelatih futbolnya ketika di kampus dulu, Ron Schipper, seorang legenda futbol. Sebagai seorang pelatih kepala di Central College di Pella, Iowa, ia telah mengumpulkan 287 kemenangan dan 18 piala kejuaraan. Di balik prestasinya, pelatih kenamaan ini dikenang karena hal-hal yang lebih dari sekadar catatan kemenangan atau kekalahannya membawa tim. Komentator berita CBS Harry Smith menuturkan:

Dalam dunia futbol kampus, ia adalah pelatih yang memiliki andil cukup besar. Ia adalah salah seorang pelatih yang paling berhasil yang pernah ada. Ia mecatat rekor 36 kali kemenangan berturut-turut. Waktu berhenti melatih, ia langsung tercatat dalam the College Football Hall of Fame. Anda pasti belum pernah mendengar tentang

*dirinya karena ia adalah seorang pelatih di sebuah kampus kecil.
Divisi III NCAA, di mana tidak ada beasiswa, tanpa dukungan dana
yang berlimpah, dan tanpa skandal. Ia adalah seorang legenda di
bidangnya .... Ia adalah orang yang ulet dan berpenampilan kuno.
Schipper mengetahui futbol lebih banyak daripada pelatih mana pun,
tetapi di sinilah perbedaannya. Ia mencintai kami, para pemainnya
dengan tanpa syarat. Saya yakin itulah sebabnya mengapa ia menang.*[1]

Banyak kampus yang lebih besar memberikan tawaran kepa-
danya dengan bayaran yang lebih tinggi, peliputan yang lebih besar,
dan menjanjikan kesempatan yang lebih luas. Sekalipun demikian,
Schipper tetap bertahan di Central. Bagi pelatih futbol tua ini, tujuan
dari pekerjaannya membentang luas melampaui ambisi pribadinya
dan terpusat pada tindakan memberikan dampak positif bagi kehidup-
an orang lain. Ia melatih para pemainnya dengan kasih untuk menjadi
lelaki, siswa, dan juga atlet sejati ... semuanya sesuai urutan ini. Dalam
acara untuk mengenang pelayanan Schipper pada bulan April 2006,
mantan rektor Central College Dr. Kenneth Weller mengenang:

*Ron Schipper selalu menjadi salah satu dari orang-orang "yang besar".
Seperti itulah dirinya. Ia senantiasa hidup di antara sekian banyak
orang yang pada usia mudanya memperoleh inspirasi dari intelengensi,
emosi, cita-cita, dan perhatiannya yang begitu mendalam kepada orang
lain. Melambungnya keberhasilan dirinya yang fenomenal sebagai
seorang pelatih, seorang guru, dan seorang pribadi nyata adalah bah-
wa ia selalu menjadi seorang yang memberi, bukan yang meminta.*[2]

Curt bermain dalam pertandingan final di tim asuhan Schipper
tahun 1996, suatu kemenangan untuk mengakhiri kariernya sebagai
bintang. Ketika media, penggemar, dan pemain lain meninggalkan
stadion, Curt berbalik untuk mengambil sesuatu yang tertinggal. Apa
yang ia temukan adalah pelatih "Hall of Fame"-nya tengah membersihkan
ruang loker tim tamu yang kotor oleh lumpur dengan tisu gulung.

Kesetiaan Pelatih Schipper masih menginspirasi Curt sampai hari ini. "Beliau mencintai pekerjaannya. Dengan penuh kasih, beliau membuat kami semua menjadi orang yang lebih baik. Beliau memberikan teladan bahwa ini bukanlah soal kebesaran dan penghargaan, melainkan soal secara konsisten melakukan hal-hal benar untuk alasan yang benar. Komitmen beliau pada kinerja yang sempurna menulari semua orang yang pernah berhubungan dengan dirinya. Beliau adalah seseorang yang paling setia yang pernah saya kenal."

ORANG YANG SETIA

Kesetiaan adalah kualitas karakter yang jarang dikaitkan dengan tempat kerja. Ketika istilah setia digunakan dalam pekerjaan, ini sering kali dipahami secara keliru. Selama bertahun-tahun, saya telah menjelajahi berbagai daerah untuk membicarakan kualitas kerja para pekerja dengan para manajer toko setempat yang kami miliki. Saya senang mendengar bagaimana orang-orang melakukan pekerjaan dan membicarakan bagaimana kami dapat membantu mereka berkembang. Suatu ketika, seorang manajer pelaksana menyebutkan seorang pekerjanya sebagai pekerja yang payah. Ia bekerja di bawah standar performa kerja minimal dan memiliki sikap yang benar-benar negatif. Manajer itu menjelaskan bahwa ia telah melakukan semua hal yang dapat ia lakukan untuk membantu pekerja ini berhasil, tetapi tetap saja tidak terlihat ada kemajuan. Pernyataan berikutnya benar-benar membuat saya terperangah, "Namun, mungkin ia adalah salah satu pekerja yang sangat setia yang pernah saya miliki." Bagi manajer ini, kesetiaan berarti bahwa seseorang selalu ada dan terlihat bekerja. Jelas, kesetiaan menuntut hal yang jauh lebih besar dari sekadar hal tersebut.

Itu benar; menunjukkan diri setiap hari adalah suatu gagasan yang bagus. Seorang pekerja yang setia, sekalipun demikian, semestinya juga memiliki nilai lebih dan dapat diandalkan—seseorang yang dapat dipercaya untuk melakukan pekerjaannya dengan baik. Para pekerja yang setia memiliki kualitas karakter loyal, dapat diandalkan, berdedikasi, dan memiliki komitmen untuk memberikan upaya ter- baik, tanpa memperhitungkan situasi apa pun. Mereka melakukan hal- hal baik untuk alasan-alasan yang tepat. Para pekerja yang setia mem- berikan dampak positif pada organisasi lewat contoh-contoh kesetiaan yang mereka lakukan secara positif.

Pada waktu yang bersamaan, para pengusaha yang setia seharus- nya bersikap adil dan memberikan perhatian secara mendalam kepada para pekerja yang berada di suatu organisasi. Mereka seharusnya selalu menunjukkan apa yang mereka janjikan. Para pengusaha yang setia memiliki komitmen pada standar kinerja yang tinggi, membantu para pekerja berkembang, serta mengembangkan budaya jujur dan morali- tas yang baik. Para pengusaha yang setia tidak memberikan toleransi perilaku yang bertentangan dengan nilai-nilai dan budaya yang dimi- liki organisasi. Mereka berkomitmen untuk mengoreksi perilaku yang tidak memuaskan dan, pada akhirnya, memperbaiki atau menghilang- kan perilaku semacam itu dari organisasi. Kesetiaan menuntut ketaat- an yang tegas pada prinsip-prinsip dan nilai-nilai yang diyakini sebagai hal yang sangat penting bagi organisasi.

PENYELENGGARA YANG SETIA

Kesetiaan sering digunakan dalam Alkitab sebagai suatu gambaran Allah: "... Engkau kuat, ya TUHAN, dan kesetiaan-Mu ada di sekeliling- Mu" (Mzm. 89:8). Kesetiaan Allah disebutkan lebih dari 30 kali di da- lam kitab Mazmur. Setiap aspek kehidupan orang percaya tertambat pada kesetiaan akan Allah yang tidak pernah meninggalkan kita.

Kerajaan-Mu ialah kerajaan segala abad, dan pemerintahan-Mu tetap melalui segala keturunan. TUHAN setia dalam segala perkataan-Nya dan penuh kasih setia dalam segala perbuatan-Nya (Mzm. 145:13).

Dengan demikian, kepada siapakah kita seharusnya mengikrarkan kesetiaan kita? Apakah kepada bos kita, perusahaan kita, kode etik, jajaran direksi? Kadang kala, para pengusaha bahkan tidak berpihak pada cita-cita yang kita junjung. Adakalanya kita mungkin saja memandang pekerjaan kita sebagai sesuatu yang tidak berarti dan tidak memiliki nilai kesetiaan. Hal ini hanyalah beberapa alasan bahwa kesetiaan bukanlah hal yang biasa di tempat kerja. Namun, Alkitab memberitahukan kepada kita: "Barang siapa setia dalam perkara-perkara kecil, ia setia juga dalam perkara-perkara besar ..." (Luk. 16:10). Tanpa memedulikan siapakah bos kita, di mana kita bekerja, atau pekerjaan apa yang kita jalani, Allah senantiasa menghendaki kesetiaan dalam semua hal yang kita lakukan. Dia dengan tanpa henti mengembangkan kesetiaan kita dalam perkara-perkara kecil sehingga Dia dapat menggunakan kita dalam perkara-perkara yang jauh lebih penting.

Allah tidak mencari orang yang hanya memamerkan diri.

John Trent mengatakan, "Bayangkan Anda bangun di pagi hari tanpa merasa takut, tetapi mengarahkan diri untuk berangkat bekerja demi suatu tujuan—tujuan-Nya untuk Anda di tempat kerja Anda! Anda mungkin tidak pernah mengubah budaya korporasi tempat Anda bekerja secara keseluruhan, tetapi Anda dapat mengubah hidup—hidup Anda sendiri maupun banyak orang."[3]

Allah tidak mencari orang yang hanya memamerkan diri. Dia mencari orang-orang yang Dia percaya untuk ikut membangun Kerajaan-Nya dan membuat-Nya dikenal di seluruh bumi. Dia menginginkan kita untuk memuliakan-Nya dalam semua hal yang kita lakukan. Roh Allah bersemayam dalam diri orang yang percaya dan memberikan mereka kekuatan untuk mencapai tujuan-Nya. Allah sungguh setia menyediakan semua kebutuhan mereka yang mengikuti-Nya.

Mataku tertuju kepada orang-orang yang setiawan di negeri, supaya mereka diam bersama-sama dengan aku (Mzm. 101:6a).

KEKUATAN YANG SETIA

Jika Anda seperti saya, Anda mungkin bertanya-tanya bagaimana pekerjaan Anda dapat menghormati dan memuliakan Allah. Saya menghabiskan waktu bertahun-tahun untuk bergumul dengan konsep ini. Akhirnya, saya berseru di dalam doa, "Apa yang Engkau inginkan dariku, ya Allah? Saya hanyalah seorang *salesman* traktor. Saya tidak layak untuk ikut membangun Kerajaan-Mu. Bagaimana mungkin saya mampu memuliakan Engkau dengan pekerjaan yang saya lakukan?" Pada titik inilah, Allah mulai mengungkap kebenaran yang mencengangkan kepada diri saya. Dia tidak memanggil orang-orang yang cakap untuk melakukan pekerjaan-Nya. Dia membekali mereka yang dipanggil-Nya sehingga Dia berkarya di dalam dan dengan perantaraan mereka. Ini bukanlah masalah seberapa layak diri kita, apa yang kita lakukan untuk hidup kita, atau gereja mana yang kita datangi. Ini adalah panggilan kita untuk mengasihi-Nya, mematuhi-Nya, dan mencari-Nya dengan segenap hati, jiwa, pikiran, dan kekuatan. Lewat imanlah Allah berkarya di dalam diri kita dan menyatakan diri-Nya: "karena Allahlah yang mengerjakan di dalam kamu baik kemauan maupun pekerjaan menurut kerelaan-Nya" (Flp. 2:13). Bukanlah apa yang kita lakukan bagi Allah yang memuliakan-Nya. Adalah apa yang Dia lakukan dengan perantaraan kita yang membawa kemuliaan-Nya.

> **Bukanlah apa yang kita perbuat bagi Allah,
> tetapi apa yang Dia perbuat dengan perantaraan kita
> yang membawa kemuliaan-Nya.**

Memang sulit bagi saya untuk mengerti mengapa Allah berkenan memilih untuk berkarya dengan menggunakan orang-orang biasa seperti kita untuk mewujudkan kehendak-Nya. Namun itulah yang dilakukan-Nya! Sepanjang masa, Allah telah berkarya, dan terus-menerus melakukan pekerjaan-pekerjaan yang luar biasa dengan perantaraan orang-orang biasa yang setia kepada-Nya. Allah memberikan kehendak yang menyala-nyala dalam hati kita untuk melakukan kehendak-Nya. Ketika memuliakan Allah menjadi motivasi sejati dalam jiwa kita, kita diberi kekuatan untuk memenuhi suatu tujuan dari kesetiaan. Agnes Bojaxhiu—seorang pekerja sosial sederhana yang lebih dikenal sebagai Bunda Teresa—mengatakan:

> *Saya bukanlah apa-apa. Dialah segala-galanya. Saya tidak melakukan apa pun dengan kekuatan sendiri. Dialah yang melakukannya. Saya hanyalah alat tulis Allah. Suatu bagian mungil dari sebuah pensil yang Dia gunakan untuk menuliskan apa yang dikehendaki-Nya. Allah menulis melalui diri kita dan, betapapun kita tidak sempurna sebagai alat-Nya, Dia tetap menulis dengan indahnya.*[4]

KEHENDAK YANG SETIA

Ketika kita menghormati hubungan kita dengan Allah, Dia berkarya di dalam diri kita dan melaksanakan kehendak-Nya melalui kita. Kita tidak harus menjadi seorang pendeta, seorang misionaris, atau seorang presiden direktur dari sebuah perusahaan untuk memuliakan Allah dengan pekerjaan kita. Alkitab menyebut semua orang percaya "imamat yang rajani" (lihat 1 Ptr. 2:9). Tidak peduli apa profesi atau posisi kita, kita semua dipanggil untuk karya pelayanan seperti halnya pekerjaan kita menyediakan bagi kita kesempatan untuk melayani kehendak Allah dengan penuh kesetiaan:

- memuliakan Allah
- mencerminkan kemuliaan Allah
- siap membantu orang lain
- membangun Kerajaan Allah.

Jiwa yang penuh dengan kasih setia mematuhi kehendak Allah.

Jiwa yang penuh dengan kasih setia memuliakan Allah dengan mengungkapkan *kepercayaan* akan Dia, *dengan rasa syukur* memuliakan Dia, dan *melalui pelayanan* memberikan bantuan sementara Dia membangun Kerajaan-Nya dengan perantaraan kita. Dengan kesetiaan, Allah membekali kita untuk memenuhi kehendak-Nya guna mewartakan Kerajaan-Nya, sekarang dan selamanya. Alkitab mengingatkan kita bahwa kehendak Allah akan selalu terpenuhi: "Banyaklah rancangan di hati manusia, tetapi keputusan Tuhanlah yang terlaksana" (Ams. 19:21).

Catatan akhir

1. Harry Smith, "Opinion", www.cbsnews.com (diakses 31 Maret 2006).
2. Kenneth Weller, dikutip dalam "Footbal Archive", www.central.edu (diakses 27 Maret 2006).
3. John Trent, dikutip dalam William Nix, *Transforming Your Workplace for Christ* (Nashville, TN: Broadman & Holman Publishers, 1997), xii.
4. Mother Teresa, dikutip dalam "Mother Teresa Autobiography", www.comcast.net (diakses Maret 2006).

BAB 6

Bersinar dengan Kepercayaan

BERGANTUNGLAH KEPADANYA

Percayalah kepada TUHAN dengan segenap hatimu,
dan janganlah bersandar kepada pengertianmu sendiri.
Akuilah Dia dalam segala lakumu,
maka Ia akan meluruskan jalanmu.

(Ams. 3:5-6)

Diceritakan bahwa di sebuah gereja kecil di pedesaan, pada suatu Minggu pagi, seorang pengunjung, seorang kawan lama dari si pendeta, melangkah naik ke mimbar untuk berbicara: "Kisah nyata," ia memulai. "Seorang ayah mengajak anak lelakinya dan seorang teman anak lelakinya berlayar di Pesisir Pasifik. Waktu itu adalah suatu waktu yang luar biasa, sampai cuaca berubah dengan tiba-tiba. Badai dahsyat menerpa mereka sebelum mereka bisa kembali ke tepian, dan ombak yang begitu besar menyapu kedua anak laki-laki itu ke lautan."

Lelaki tua itu beradu pandang dengan seorang remaja yang, sejak kebaktian dimulai, terlihat begitu tertarik dengan apa yang terjadi. "Ketika meraih tali penyelamat, sang ayah sadar bahwa hanya seorang anak saja yang dapat diselamatkan. Ia tidak punya waktu lagi untuk berpikir. Beradu dengan terpaan angin, berharap suaranya terdengar, ia berteriak keras, 'Aku menyayangimu, anakku!' dan melilitkan tali itu pada tangan teman anak lelakinya. Pada saat ia menarik teman anak lelakinya ke atas kapal, anak lelakinya hilang dari pandangan, tidak pernah terlihat lagi."

Remaja itu duduk lebih tegak di bangku gereja, menunggu kata-kata selanjutnya keluar dari mulut lelaki tua itu. "Ketika mereka akhirnya kembali ke pantai, teman anak lelakinya itu menangis. 'Mengapa?' tanyanya. 'Mengapa Anda menyelamatkan aku, bukan anakmu?'

Air mata mengalir di wajah ayah anak malang itu. Sekalipun demikian, ia tetap tersenyum. 'Putraku telah memasuki keabadian bersama Yesus. Jika kau mati, kau kehilangan kesempatan untuk mempersembahkan hidupmu untuk Kristus.'

Betapa agung kasih Allah sehingga Dia melakukan hal yang sama bagi kita. Jangan sia-siakan kesempatanmu." Bersamaan dengan itu, lelaki tua tersebut kembali duduk di kursinya saat keheningan memenuhi ruangan itu. Setelah ibadah selesai, si remaja bergegas menghampiri dan duduk di sisi lelaki tua itu. "Itu pasti bukan suatu kisah nyata," begitu si remaja itu memulai. "Tidak ada seorang ayah pun akan membiarkan anak lelakinya mati dan berharap seorang anak laki-laki lain menjadi seorang pengikut Kristus. Benar-benar gila!"

Lelaki tua itu tersenyum. "Gila, tetapi memang benar," kata lelaki tua itu. "Kau tahu, sayalah sang ayah itu, dan pendetamu adalah teman putraku."[1]

KEPERCAYAAN YANG SALEH

Lelaki tua dalam cerita ini tiada hentinya menyandarkan kepercayaannya kepada Allah dan rencana penyelamatan-Nya. Kepercayaan ini dengan jelas dibuktikan lewat apa yang dilakukannya. Benarlah bahwa kita mungkin tidak pernah menghadapi pilihan hidup-mati seperti dalam cerita ini. Namun, dalam hal yang kurang dramatis, kita menentukan pilihan yang mencerminkan tempat kita menyandarkan kepercayaan kita. Kehidupan sehari-hari yang kita miliki secara berkesinambungan mengungkapkan hal ini.

Begitu mudahnya kita menempatkan kepercayaan kita pada hal-hal yang keliru dalam pekerjaan. Kita menempatkan kepercayaan kita pada uang, kekuasaan, kehormatan, dan jabatan. Dengan cepat kita mendapati diri kita mengejar strategi dan arah kita untuk meraih keberhasilan. Kita menekan diri kita sendiri untuk meningkatkan, mengukuhkan, dan berjuang meraih suatu prestasi. Keistimewaan, performa yang bagus, dan kerja keras menjadi tujuan yang begitu bernilai. Namun, hal yang lebih penting dari sekadar mencapai tujuan-tujuan ini adalah bagaimana kita memilih cara untuk mencapai tujuan itu. Apakah kita mengandalkan kekuatan kita sendiri, atau kita mengandalkan kepercayaan akan Allah? Penulis kitab Amsal menuliskan, "Serahkanlah perbuatanmu kepada TUHAN, maka terlaksanalah segala rencanamu" (Ams. 16:3). Alkitab dengan jelas menunjukkan kepada siapakah kita harus percaya—keyakinan akan Allah mengatasi keyakinan kita akan diri kita sendiri—dan bagaimana kita harus berupaya untuk meraih keberhasilan. Tujuan pribadi dan profesional yang kita miliki sudah semestinya terpusat pada menjalani kehidupan dan karya dalam jalan Tuhan dengan meyakini rencana-Nya dan menyandarkan diri pada kuasa-Nya.

Saya masih saja sering kali memilih untuk meyakini kekuatan saya sendiri daripada meyakini kuasa Allah. Dalam perusahaan kecil yang saya miliki, lebih dari 200 pekerja mempertanggungjawabkan pekerjaan mereka kepada saya dan mempercayai kepemimpinan saya untuk memandu kami semua mengupayakan keberhasilan. Adakalanya tanggung jawab ini menguatkan saya, dan di waktu lain, tekanan datang bertubi-tubi. Suatu hari, saya merasa terbebani oleh suatu situ-asi, dan salah seorang manajer kami masuk serta menutup pintu. "Se-suatu tengah membebani Anda, Kris," katanya. "Bagaimana saya bisa membantu Anda?"

"Saya berharap kau bisa," begitu saya berkata kepadanya. "Namun, sungguh, tidak ada hal yang bisa kau lakukan." Saya berupaya keras untuk tetap menunjukkan ketegaran dalam kata-kata saya dan ber-usaha meyakinkan dirinya bahwa ia tidak perlu khawatir. "Sebagai pim-pinan organisasi, saya akan menangani situasi ini sendiri."

Kami berbicara cukup lama. Kemudian ia bangkit dan berjalan meninggalkan ruangan. Sekalipun demikian, sebelum pergi, ia me-natap mata saya dan berkata, "Anda percaya kepada Tuhan, dan karena alasan itu pula, saya percaya kepada Anda. Saya memercayai Anda karena Anda percaya kepada-Nya."

Manajer ini mengingatkan saya bahwa kepercayaan yang diberi-kan orang lain kepada saya secara langsung berkaitan dengan keper-cayaan yang saya—dan mereka—sandarkan kepada Allah. Ketika kita percaya kepada-Nya, hal ini meringankan tekanan yang kita bebankan atas diri kita. Kita memuliakan Allah dengan menyandarkan harapan kita dengan penuh keyakinan kepada-Nya untuk menyediakan jalan keluar yang terbaik. "Orang-orang yang menanti-nantikan TUHAN men-dapat kekuatan baru: mereka seumpama rajawali yang naik terbang ..." (Yes. 40:31).

MEMPEROLEH KEPERCAYAAN

Kepercayaan adalah landasan dari semua hubungan yang membuah-kan keberhasilan. Kepercayaan juga merupakan landasan semua orga-nisasi yang berhasil. Kepercayaan bukanlah suatu penyematan kehor-matan, tetapi suatu keutamaan yang dikukuhkan sepanjang masa.

Tindakan-tindakan kita secara terus-menerus dinilai oleh orang-orang yang berinteraksi dengan kita untuk mengukur seberapa jauh tingkat keterpercayaan yang ada pada diri kita. Bersamaan tumbuhnya kepercayaan, kesempatan dan tanggung jawab juga bertumbuh bersama.

Peran utama dari kepemimpinan adalah untuk mengembangkan tingkat kepercayaan yang tinggi dalam organisasi. Selaras dengan hal itu, keberhasilan suatu organisasi dibangun pada kapasitas untuk dipercaya dari pimpinannya. Karena itu, karyawan terpercaya kemungkinan besar akan menerima promosi dan kesempatan yang lebih besar. Para pelanggan ingin sekali berbisnis dengan orang yang mereka percayai.

Saya pernah diajak berbicara dengan salah seorang pelanggan yang suka menuntut mengenai salah seorang *service manager* saya. Ia mengatakan, "Tidak seorang pun yang membuat saya lebih marah daripada *service manager* Anda. Ia tidak pernah memberi tahu saya apa yang ingin saya dengar. Ia tidak pernah membuat anggaran untuk apa pun yang menjadi permintaan saya. Namun, ia selalu membuktikan apa yang dijanjikannya. Sangat banyak orang memberi tahu saya apa yang ingin saya dengar dan kemudian membiarkan saya terpuruk. Tidak demikian dengan dirinya. Saya tidak dapat mengatakan saya benar-benar menyukai dirinya, tetapi tentu saja saya menghormatinya. Ia telah memperoleh kepercayaan dari saya. Itulah sebabnya saya terus kembali untuk membeli lebih banyak lagi."

Suatu cara luar biasa untuk mendapatkan kepercayaan adalah:

1. Lakukanlah apa yang Anda katakan.
2. Lakukanlah jika Anda mengatakan Anda akan melakukannya.
3. Lakukanlah dengan benar pada kali pertama.
4. Jangan pernah mengumbar janji, tetapi lebihkanlah pelayanan.

Untuk terus maju dalam iman Anda, percayalah kepada Allah.

Begitu kepercayaan didapatkan, kesetiaanlah buahnya. Salah satu dari penghiburan paling luar biasa yang dapat diterima oleh siapa pun adalah mendengarkan kata, "Saya memercayai Anda." Demikian pula, kita dapat mengungkapkan kasih kita kepada Allah lewat tindakan-tindakan yang menunjukkan kepercayaan kita kepada-Nya. Allah senantiasa memberkati orang-orang yang percaya kepada-Nya. Pada kenyataannya, semakin kita percaya kepada Allah, semakin Dia menaruh kepercayaan-Nya kepada kita. Allah mengharapkan kesetiaan dari kita. "Yang akhirnya dituntut dari pelayan-pelayan yang demikian ialah, bahwa mereka ternyata dapat dipercayai" (1 Kor. 4:2). Semakin kita merasa senang untuk memercayai ketaatan, semakin besarlah iman kita—dan terbukti kita semakin setia.

KEPERCAYAAN YANG TAAT

Apabila Anda ingin maju dalam pekerjaan Anda, jadilah orang yang bisa dipercaya. Apabila Anda ingin maju dalam hal iman, percayalah pada Allah. Kunci untuk mengukuhkan dan menjaga kepercayaan didapati dalam ketaatan akan Allah dan kehendak-Nya. Kepercayaan dan ketaatan berjalan beriringan. Kepercayaan memperkuat keyakinan hati kita dan meneguhkan iman kita. Ketaatan menunjukkan iman lewat perilaku yang tercermin dalam karya kita. Untuk patuh kepada Allah, pertama-tama kita harus percaya kepada-Nya. Ketika kita menerima Yesus, kita percaya pada jalan-Nya—dan hanya pada jalan-Nya: "Akulah jalan dan kebenaran dan hidup. Tidak ada seorang pun yang datang kepada Bapa, kalau tidak melalui Aku" (Yoh. 14:6).

Allah menunjukkan kasih-Nya yang tanpa syarat kepada kita melalui karya keselamatan yang kita jumpai dalam Yesus Kristus. Sebagai gantinya, ketika kita mengikat janji dengan Yesus, kita menunjukkan kasih kita kepada Allah dalam kehidupan yang penuh dengan ketaatan yang berpusat kepada diri-Nya.

Dalam *Experiencing God*, Henry Blackaby membandingkan kehidupan yang berpusat pada diri sendiri dengan kehidupan yang berpusat kepada Allah.[2]

KEHIDUPAN YANG BERPUSAT PADA DIRI SENDIRI	KEHIDUPAN YANG BERPUSAT KEPADA ALLAH
Hidup berpusat pada diri sendiri	Hidup berpusat pada Allah
Kebanggaan pada diri sendiri dan pencapaian sendiri	Kerendahan hati di hadapan Allah
Percaya pada diri sendiri	Percaya akan Allah
Bergantung pada diri sendiri dan kemampuan sendiri	Bergantung pada Allah, kemampuan dan penyelenggaraan-Nya
Menguatkan diri sendiri	Menyangkal diri
Berupaya untuk dapat diterima dunia	Pertama-tama mencari Kerajaan Allah dan kebenaran-Nya
Melihat situasi sekitar dengan sudut pandang manusiawi	Mencari sudut pandang Allah dalam segala situasi
Egois dan menjalani hidup yang biasa	Kudus dan menjalani hidup dalam Allah

Bagaimana Anda akan menggambarkan kehidupan Anda di tempat kerja? Apakah kehidupan Anda berpusat pada diri sendiri atau berpusat pada Allah? Jika kehidupan kita mengungkapkan kepercayaan dan ketaatan kita kepada Allah, kita membuka diri supaya Allah berkarya dalam diri kita untuk mewujudkan kehendak-Nya demi kemuliaan-Nya.

KEPERCAYAAN YANG TAHAN UJI

Kita menunjukkan kepercayaan kita kepada Allah saat kita menunduk kepada-Nya dalam doa. Tidak pernah kita merasakan kuasa Allah yang lebih besar daripada saat kita berlutut di hadapan-Nya dalam doa. Kita, dengan penuh keyakinan, menyandarkan diri kepada-Nya sebagai sumber pertolongan dan kekuatan: "Aku melayangkan mataku ke gunung-gunung; dari manakah akan datang pertolonganku? Pertolonganku ialah dari TUHAN, yang menjadikan langit dan bumi". (Mzm. 121:1–2).

Dahulu saya terbiasa berdoa untuk memperoleh sesuatu yang istimewa dari Allah untuk usaha saya. Saya akan berpikir tentang apa yang saya inginkan, dan kemudian saya akan berdoa agar Allah menyediakannya bagi saya. Akhirnya, saya sadar bahwa ini adalah tipe doa yang sangat membatasi dan penuh dengan kepentingan diri. Hasil yang kita kehendaki menjadi kabur jika dibandingkan dengan rencana Allah.

Beberapa tahun yang lalu, salah seorang *top sales representatives* kami ditawari posisi *sales manager* oleh sebuah perusahaan lain. Saya takut kehilangan karyawan ini karena ia begitu bernilai untuk perusahaan kami. Ketika saya mulai berdoa supaya Allah membuatnya tetap tinggal, semakin jelaslah bahwa doa saya sungguh tidak sesuai. Saya perlu untuk percaya bahwa Allah berkarya atas perusahaan kami dan berdoa supaya kehendak-Nya terjadi atas karyawan kami. Saya mulai berdoa dengan cara ini dan memercayakan kepada Allah untuk melakukan hal yang terbaik.

Waktu aku takut, aku ini percaya kepadaMu; kepada Allah, yang fir-man-Nya kupuji, kepada Allah aku percaya, aku tidak takut ... (Mzm. 56:4-5).

Karyawan tersebut terlihat bergumul selama berminggu-minggu untuk mengambil keputusan. Sulit bagi saya untuk mengulangi kata-kata guna meyakinkannya supaya tetap tinggal. Suatu sore melalui telepon, saya memberikan saran bahwa hanyalah Allah yang mengetahui keputusan apa yang seharusnya diambil dan bertanya apakah saya boleh berdoa untuk dirinya. Ia mengiyakan sehingga saya berdoa, "Ya Allah, Engkaulah yang berkuasa atas seluruh hidup kami. Engkaulah yang mampu memberikan arahan untuk keputusan yang sulit ini. Saya percaya Engkau akan menunjukkan jalan-Mu. Terjadilah kehendak-Mu di atas bumi seperti di dalam Surga."

Pagi berikutnya, karyawan kami memberi tahu saya bahwa ia akan pergi. Ketika mengucapkan terima kasih atas upaya yang telah dilakukannya, suatu dorongan yang kuat menguasai saya untuk membahas karya keselamatan dengan dirinya. Sama sekali tidak nyaman, tanpa banyak pikir saya berkata, "Saya tidak begitu peduli ke mana kau akan menghabiskan tahun-tahun berikutnya untuk bekerja, tetapi saya peduli bagaimana kau akan menghabiskan keabadian." Saya menjelaskan kepercayaan saya kepada Yesus, kepercayaan saya akan kehidupan abadi, dan keinginan saya untuk melihat karyawan ini di surga suatu saat nanti. Ia semakin merasa tidak nyaman. Ia bangkit dan berseru, "Saya harus pergi," dan melenggang meninggalkan kantor saya.

Beberapa hari kemudian, ia menelepon untuk memberi tahu saya tentang perubahan hatinya. Ia menjelaskan bahwa ibunya berdoa baginya untuk menemukan Yesus. Ibunya mengatakan kepada pendetanya mengenai keputusan pekerjaan yang sulit yang dihadapi putranya. Pendeta itu memutuskan untuk berdoa. Beberapa hari kemudian, sang pendeta menelepon dan berkata, "Saya benar-benar berpikir bahwa putra Anda perlu tetap berada di tempat kerjanya. Saya merasakan ia ada di mana Allah menginginkan ia berada." Pendeta ini tinggal lebih dari 1.300 mil jauhnya dari tempat kami dan hanya tahu sedikit tentang perusahaan kami. Ia hanya merasa dibimbing untuk berbagi nasihat ini seperti halnya ia telah berdoa untuk mendapatkan bimbingan Allah dalam situasi ini. Karyawan ini tetap bekerja untuk perusahaan kami dan terus berkembang dalam manajemen serta kepemimpinan dalam organisasi kami. Hal yang lebih penting, Allah menggunakan kesempatan dalam hidup dan pekerjaannya itu untuk membawanya membangun relasi dengan Yesus.

**Muliakanlah Allah dengan kepercayaan.
Bergantunglah kepada-Nya.**

Adakalanya hal terhebat yang kita lakukan untuk seseorang adalah hanya sekadar mengangkat nama mereka dalam doa. Hal ini terus-menerus membuat saya kagum akan apa yang Allah kerjakan ketika kita percaya kepada-Nya dan menyerahkan hasilnya kepada-Nya. Ketika kita percaya akan Allah, Dia menghapus tekanan yang kita tumpukan kepada diri kita sendiri. Kita tidak lagi menaruh kepercayaan kita pada uang, kekuasaan, atau hasil-hasil lainnya. Namun, kita percaya kepada Allah Yang Mahakuasa, Penyelenggara segala sumber daya dan relasi. Dengan percaya kepada Allah, kita menjadi orang yang dipercaya.

Catatan akhir

1. Sumber asli dari kisah ini tidak diketahui.
2. Henry Blackaby and Claude V. King, *Experiencing God* (Nashville, TN: Broadman & Holman, 1994), 100-101.

BAB 7

Bersinar dengan Rasa Syukur

MULIAKANLAH DIA

Jadi, karena kita menerima kerajaan yang tidak tergoncangkan,
marilah kita mengucap syukur dan beribadah kepada Allah
menurut cara yang berkenan kepada-Nya,
dengan hormat dan takut.

(Ibr. 12:28)

Monte bergabung dengan perusahaan kami begitu selesai kuliah. Seorang pemuda dari kawasan pertanian di Iowa, dengan etos kerja yang kuat dan ambisi yang luar biasa, dengan cepat menjadi salah seorang *top sales representatives* kami. Adalah suatu berkat melihat ia berkembang, baik secara personal maupun profesional, selama bertahun-tahun. Sekarang ini ia menjadi direktur *sales training* perusahaan kami. Surat berikut ini dengan jelas mengungkapkan rasa terima kasihnya atas pekerjaannya:

Kris,

Saya bangun pagi ini sekitar pukul 3.30 dengan pesan yang membebani hati saya ini, dan saya ingin berbagi dengan Anda. Saya harus mengakui, ketika Anda pertama kali memaparkan pernyataan visi kita yang baru, "To Shine with Excellence", pada pesta Natal beberapa tahun yang

lalu, saya benar-benar merasa bahwa pernyataan itu hanya akan men-
jadi seperti kebanyakan pernyataan visi dari perusahaan-perusahaan
lain ... suatu kumpulan menarik tanpa kekuatan untuk menumbuhkan
minat dari para karyawan.

Saya bersyukur dapat mengatakan bahwa pikiran itu sangat ke-
liru. Melihat pertumbuhan perusahaan kita sejak Allah menanamkan
visi tersebut bersama Anda telah menghasilkan hal yang sulit diper-
caya. Hal yang baik adalah, ketika saya mengatakan pertumbuhan,
saya tidak hanya menunjuk pada pertumbuhan yang diukur dengan
keuntungan pada akhir tahun (meskipun hal itu terjadi juga). Saya
sedang membicarakan pertumbuhan personal dan spiritual dari para
karyawan perusahaan ini. Saya tidak hanya mengalaminya, tetapi saya
telah memberikan kesaksian dalam kehidupan banyak orang.

Ketika saya datang ke perusahaan ini begitu lulus kuliah, ada
satu hal yang menggerakkan saya ... UANG! Itu saja. Saya bersyukur
bahwa pekerjaan saya sekarang bernilai lebih dari sekadar uang.

Yang paling penting, saya telah datang untuk mengenal Yesus
Kristus sebagai Tuhan dan Juruselamat pribadi saya. Mendengar ten-
tang Kristus pada hari Minggu adalah satu hal, tetapi melihat prinsip-
prinsip-Nya dijiwai di tempat kerja adalah kesaksian yang sangat kuat
dan memiliki dampak yang besar pada keputusan akhir saya untuk
mengikuti-Nya. Terima kasih kepada Anda karena telah mengizinkan
Allah berkarya melalui diri Anda untuk menciptakan kultur itu di sini.

Sebagai tambahan, SHINE telah memperbarui keinginan dan
pemenuhan pada kehidupan kerja saya. SHINE telah memampukan
saya untuk menghubungkan "apa yang saya lakukan" dengan "meng-
apa saya melakukannya." Sekarang saya menyadari bahwa Allah me-
miliki suatu kehendak untuk kita semua. Saya mengetahui bahwa Allah
telah menempatkan saya di tempat yang tepat untuk suatu alasan.

Saya bersyukur karena bekerja di suatu tempat di mana saya di-
izinkan untuk membuka sales meeting *dengan doa. Bagi banyak kar-*
yawan kami, ini adalah satu-satunya kesempatan mereka mendengar

sebuah doa. Saya tahu Allah menggunakan waktu itu untuk menanam benih.

SHINE telah memberikan pengaruh kepada saya dan orang-orang di sekitar saya dalam begitu banyak hal. Saya bersyukur kepada Allah karena telah mengizinkan saya menjadi bagian dari perusahaan ini. Saya benar-benar diberkati.

Kawan Anda,

Monte

PIKIRAN YANG PENUH SYUKUR

Banyak orang menganggap pekerjaan seperti sebuah permainan atau arena pertempuran—suatu kesempatan untuk maju. Bagi mereka, kebanggaan dan ego dibangun di seputar pencapaian pribadi dan menghasilkan lebih banyak uang. Bagi yang lain, pekerjaan adalah suatu kutukan, kesibukan tiada henti, atau hanyalah sebuah siksaan. Jarang kita mendengar bahwa pekerjaan digambarkan sebagai suatu berkat.

Kita jauh lebih banyak menyombongkan pencapaian pribadi atau mengeluhkan pekerjaan daripada mengungkapkan rasa syukur dan terima kasih atas pekerjaan kita. Kita dapat menjadi sangat tertutup dalam kepentingan diri dan dalam upaya untuk maju sehingga kita melupakan pentingnya memiliki dan mengungkapkan rasa syukur. Menyombongkan pencapaian atau mengeluhkan pekerjaan akan menyuburkan pikiran-pikiran tidak tahu berterima kasih, menyurutkan semangat, dan menjauhkan kita dari kasih setia. Di sisi lain, rasa terima kasih membuahkan pikiran yang penuh rasa syukur, memperbesar semangat kita, dan menumbuhkan kesetiaan kita kepada Allah.

Kita dapat belajar untuk dipenuhi dengan rasa syukur untuk berbagai kesempatan mengagumkan—dan tantangan—yang hadir dalam pekerjaan kita. Kita dapat memiliki pemahaman yang lebih lengkap bahwa pekerjaan kita diatur oleh Allah untuk memancarkan kemulia-an-Nya. Hari kerja kita dapat dipenuhi kegembiraan saat kita dengan sepenuh hati melambungkan pujian dan pengakuan atas berkat Allah dalam pekerjaan, yang telah diselenggarakan-Nya dengan begitu agung.

Mungkin terdengar sedikit berkelakar. Namun, benarkah ini? Menurut Alkitab, ini tidaklah berlebihan secara keseluruhan. Dalam 1 Tesalonika 5:16–18 kita diberikan arahan: "Bersukacitalah senantiasa. Tetaplah berdoa. Mengucap syukurlah dalam segala hal, sebab itulah yang dikehendaki Allah di dalam Kristus Yesus bagi kamu." Dari sudut pandang ini, rasa syukur diungkapkan dalam segala hal yang kita laku-kan. Pekerjaan kita, sungguh, merupakan berkat dari Allah, yang me-nyediakan segala kebutuhan kita, memberi kita sesuatu yang meng-hasilkan untuk dikerjakan, dan mengizinkan kita untuk memberikan pengaruh positif kepada orang lain di saat kita mewujudkan tujuan-tujuan yang kita ciptakan.

SIKAP PENUH TERIMA KASIH

Sayangnya, pekerjaan sering diabaikan ketika datang waktunya untuk mengungkapkan rasa terima kasih kita. Kita bisa saja berterima kasih untuk suatu hari yang menyenangkan, rumah kita, atau makanan yang kita makan. Namun, seberapa sering kita mengungkapkan rasa syukur atas pekerjaan kita? Kita mungkin tidak merasa berterima kasih karena kita merasa kurang dihargai, dinilai bekerja kurang baik, atau tidak begitu diberdayakan. Kita mungkin saja menyimpan kejengkelan karena tidak pernah ada seorang pun berterima kasih kepada kita atas pekerjaan yang kita lakukan. Ada sejumlah alasan untuk merasa frus-trasi, kecewa, dan tidak memiliki rasa terima kasih dalam pekerjaan. Sekalipun demikian, kita perlu untuk memikirkan kembali situasi kita—dan sikap kita. Tak ada satu hal pun yang dengan cepat dapat meredupkan kehidupan kerja kita daripada suatu sikap tanpa rasa syukur. Sebaliknya, tak ada satu hal pun yang dengan cepat dapat meningkatkan kehidupan kerja kita daripada pola pikir yang penuh rasa terima kasih dan syukur. Allah menyediakan pekerjaan agar menjadi berkat sekaligus sarana untuk mendukung dan menjaga berkat-berkat lainnya. Ketika hati dan jiwa kita dipenuhi dengan rasa syukur, pikiran dan pekerjaan kita akan memancarkan pujian dan ungkapan terima kasih atas semua yang telah Dia kerjakan. "Siapa yang mempersembahkan syukur sebagai korban, ia memuliakan Aku; siapa yang jujur jalannya, keselamatan yang dari Allah akan Kuperlihatkan kepadanya" (Mzm. 50:23).

Allah menyediakan pekerjaan sebagai suatu berkat.

Kita telah menjumpai orang yang mengambil semua kebaikan untuk keberhasilan mereka tanpa berterima kasih kepada orang-orang yang membantu mereka selama proses. Sering kali, pribadi-pribadi ini merasa tidak tenang dan tidak bahagia. Di sisi lain, orang-orang yang berterima kasih dan suka memuji orang lain biasanya memiliki kesejahteraan yang mengarah pada hidup yang utuh dan penuh kegembiraan. Para pebisnis, pemimpin, dan profesional yang berhasil seharusnya ada di antara orang-orang yang penuh dengan rasa terima kasih. Mereka sering kali memiliki banyak hal sebagai tujuan ungkapan terima kasih mereka dan memberikan keuntungan yang besar dari dukungan banyak orang. Bos yang menghargai orang lain, yang dengan teratur bersyukur kepada Allah, para karyawan, para pelanggan, dan pihak lainnya menentukan patokan ungkapan syukur untuk keseluruhan organisasi. Memang merupakan hal yang sangat penting bagi para pemimpin agar sepenuhnya menyadari pengaruh bahwa ungkapan terima kasih mereka akan membawa pengaruh kepada orang-orang di sekitar mereka.

Para karyawan, tanpa memperhitungkan level ungkapan terima kasih bos Anda, kalian bertanggung jawab atas sikap penuh terima kasih kalian sendiri. Janganlah terpengaruh oleh yang lain secara negatif. Tentukan tingkat penghargaan yang penuh syukur dari diri Anda sendiri. Pertimbangkanlah pertanyaan-pertanyaan berikut:

- Kapan terakhir kali saya berterima kasih dengan sepenuh hati kepada Allah untuk pekerjaan yang Dia berikan kepada saya?
- Kapan terakhir kali saya dengan tulus berterima kasih kepada bos atau penyelia saya untuk pekerjaan yang telah mereka sediakan bagi saya?

Apakah yang akan bos Anda pikirkan jika Anda datang dan berkata, "Saya hanya ingin mengucapkan terima kasih kepada Anda atas pekerjaan yang Anda sediakan untuk saya." Penghargaan yang tulus dan ucapan terima kasih yang menyentuh hati menyertainya. Orang senang mendengar ucapan terima kasih. Dengan berterima kasih kepada orang lain, Anda menyampaikan ungkapan terima kasih Anda dan menguatkan mereka dengan sikap yang menggugah untuk penghargaan yang tulus.

Mengarahkan pujian kita kepada Allah dan berterima kasih kepada orang lain akan melipatgandakan berkat yang kita terima. Syukur adalah suatu kualitas yang begitu bernilai, yang tidak hanya menguatkan semangat kita sendiri, tetapi juga menguatkan semangat orang-orang di sekitar kita. Ketika sikap syukur kita telah mencapai level hati, orang akan mulai melihat suatu perbedaan. Ketika kita bersyukur atas pekerjaan kita, kita akan menjumpai lebih banyak kegembiraan, kepenuhan, dan kepuasan dalam segala hal yang kita lakukan.

Aku melihat bahwa tidak ada yang lebih baik bagi manusia dari pada bergembira dalam pekerjaannya, sebab itu adalah bahagiannya. (Pkh. 3:22).

IBADAH SYUKUR

Pekerjaan kita menyediakan suatu kesempatan untuk memuji Allah. Pekerjaan telah digariskan—dan diberkati—oleh Allah pada saat penciptaan: "TUHAN Allah mengambil manusia itu dan menempatkannya dalam taman Eden untuk mengusahakan dan memelihara taman itu" (Kej. 2:15). Dalam bacaan Alkitab ini, kata asli Ibrani yang diberi terjemahan "mengusahakan" adalah *a'vodah*. Kata *a'vodah* sebenarnya memiliki arti ganda. Kata ini dapat diterjemahkan sebagai bekerja maupun memuji. Karena itu, pekerjaan dapat dipandang sebagai bentuk asli dari ibadah. Sebelum ada gereja, pujian, syahadat, atau bentuk ibadah apa pun, sudah ada tempat kerja: Taman Eden. Adam memuji Allah dengan memelihara ciptaan-Nya. Pekerjaan Adam, sungguh, merupakan ungkapan ibadahnya. Demikian halnya dengan pekerjaan kita.

Terlalu sering kita mencoba mengotak-kotakkan ibadah kita dengan berpikir bahwa ibadah adalah apa yang kita lakukan di gereja pada hari Minggu dan pekerjaan adalah apa yang kita lakukan pada hari-hari lainnya. Saat kita semakin memiliki pemahaman yang lebih lengkap bahwa Allah dipuji tidak selalu dengan tangan diangkat tetapi dengan hati yang mantap, cara pandang kita tentang ibadah sepenuhnya akan mulai berubah. Ibadah adalah segala sesuatu tentang Allah dan kemuliaan-Nya. Rick Warren menuliskan, "Ibadah adalah suatu gaya hidup untuk menikmati Allah, mengasihi-Nya, dan memberikan diri kita untuk digunakan seturut kehendak-Nya. Jika Anda menggunakan hidup Anda untuk kemuliaan Allah, segala sesuatu yang Anda lakukan dapat menjadi ibadah."[1]

Allah dipuji dengan hati yang teguh.

Pada dasarnya, ibadah adalah segala sesuatu mengenai pekerjaan. Demikian juga, ibadah adalah segala sesuatu mengenai kehidupan. Ibadah menempatkan Allah pada pusat hidup kita. Hidup dan kerja adalah satu dan sama ketika kita menjalani usaha-usaha kita untuk memuliakan Allah. Tiap-tiap hari menyediakan kesempatan bagi kita melakukan pekerjaan kita dalam nama Kristus dan bersyukur kepada Allah. "Hendaklah damai sejahtera Kristus memerintah dalam hatimu, karena untuk itulah kamu telah dipanggil menjadi satu tubuh. Dan bersyukurlah .... Dan segala sesuatu yang kamu lakukan dengan perkataan atau perbuatan, lakukanlah semuanya itu dalam nama Tuhan Yesus, sambil mengucap syukur oleh Dia kepada Allah, Bapa kita" (Kol. 3:15,17).

PUJIAN SYUKUR

Ibadah mungkin terlihat jauh bagi kita di saat kita dalam tekanan untuk menyelesaikan suatu proyek, berurusan dengan masalah karyawan, menangani pelanggan yang tidak puas, atau menghadapi tanggung jawab rumah tangga. Kita dapat dengan mudah menjadi terbelokkan oleh berbagai tantangan yang ada. Ketika hal ini terjadi, suatu doa syukur sederhana yang dipersembahkan di tengah-tengah kesibukan kita dapat membantu kita menata hati dan menguatkan jiwa kita. Ketika banyak hal menjadi benar-benar tidak menyenangkan, kita dapat menemukan kedamaian yang luar biasa dengan meluangkan waktu untuk menengok kembali keadaan jiwa kita dengan cepat, tepat di tempat kita sedang berada. Camkanlah dalam pikiran, kita tidak harus membungkukkan badan, menutup mata kita, atau melambungkan lagu-lagu pujian untuk menyembah Dia. Dalam kenyataannya, tidak seorang pun harus memperhatikan saat kita meneguhkan ibadah kita dengan memusatkan diri kepada-Nya. Suatu doa syukur yang sederhana dapat menguatkan kita tepat di mana kita berada di tengah-tengah lingkungan yang riuh rendah: "Yesus, Engkaulah Tuhan. Terima kasih karena Engkau mencintaiku. Terima kasih karena Engkau hidup di dalam aku. Kuatkanlah aku dengan Roh Kudus-Mu. Pujian senantiasa bagi Allah. Amin."

Lewat ungkapan terima kasih dan pujian, kita menyatakan kesetiaan kita kepada-Nya:

> *Masuklah melalui pintu gerbang-Nya dengan nyanyian syukur, ke dalam pelataran-Nya dengan puji-pujian, bersyukurlah kepada-Nya dan pujilah nama-Nya! Sebab TUHAN itu baik, kasih setia-Nya untuk selama-lamanya, dan kesetiaan-Nya tetap turun-temurun (Mzm. 100:4-5).*

Syukur kepada Allah karena telah menyediakan berkat pekerjaan. Jadikanlah pekerjaan-pekerjaan baik yang kita lakukan sebagai pujian bagi nama-Nya. Kita bersyukur kepada Allah untuk apa yang telah Dia kerjakan, dan kita memuji-Nya karena keberadaan-Nya. Sudah selayaknya kita memuji dan bersyukur kepada-Nya. Kita semua memiliki begitu banyak hal yang semestinya kita syukuri.

Sebagaimana dijelaskan John Piper, "Allah paling dimuliakan di dalam diri kita ketika kita sangat puas karena Dia."[2] Dengan ungkapan terima kasih dan pujian, kita menunjukkan syukur kita kepada Allah sama seperti kita mengasihi Dia dengan segenap jiwa kita.

Catatan akhir

1.   Rick Warren, *Purpose Driven Life* (Grand Rapids, MI: Zondervan, 2002), 56.
2.   John Piper, *When I Don't Desire God* (Wheaton, IL: Crossway Books, 2004), 13.

BAB 8

Bersinar
dengan Pekerjaan Melayani

LAYANILAH DIA

Apakah manusia, sehingga Engkau mengingatnya?
Apakah anak manusia, sehingga Engkau mengindahkannya? ....
Engkau membuat dia berkuasa atas buatan tangan-Mu;
segala-galanya telah Kauletakkan di bawah kakinya ...

(Mzm. 8:5, 7)

Sekilas, House Blend Café dekat Orlando, Florida, tampak sama de-
ngan kafe-kafe yang menandai sudut kota pada saat ini. Begitu
masuk, Anda mulai merasakan perbedaan yang jelas. Tempat ini tidak
hanya memiliki karyawan yang ramah dan penataan tempat yang nya-
man yang menjadikan tempat ini unik. Tujuan kafe ini terungkap jelas
pada menu yang ditawarkan:

> *Kami benar-benar menginginkan Anda mengentakkan kaki Anda dan*
> *menikmati hidup bersama kami. Alasan kami melakukan hal ini lebih*
> *penting ... dengan demikian kami dapat memberikan diri kami untuk*
> *pelayanan komunitas dan proyek restorasi, baik di Orange County*

maupun di seluruh dunia. Itu termasuk memberi makan orang-orang
tunawisma, mendanai pelayanan untuk wanita dan anak-anak yang
membutuhkan, membantu memperbaiki kehidupan di lingkungan
sekitar, dan memberikan dukungan kepada orang lain yang memiliki
hati untuk mengasihi dan melayani sesama.

Dengan tujuan seperti itu, bahkan menghabiskan empat dolar
untuk seorang teman, dapat dipandang sebagai suatu karya pelayanan
yang baik. Yang menarik, tujuan yang dimiliki House Blend Café ter-
dengar lebih mirip dengan tujuan suatu gereja daripada yang semesti-
nya dimiliki sebuah kafe.

Pendeta Jason Dukes, dari WestPoint Fellowship Church (WFC),
menjelaskan:

Gereja tidak pernah dimaksudkan untuk menjadi suatu "tempat" yang
penuh dengan program untuk mengumpulkan orang-orang pada hari
Minggu pagi. Gereja adalah "siapa", bukan "apa"; gereja adalah ber-
kumpulnya para pengikut Kristus yang berusaha bersama-sama un-
tuk mengasihi dan melayani kultur di sekitar kita. Alih-alih menjejali
orang dengan kegiatan-kegiatan gereja, kami ingin membekali orang-
orang untuk menjadi gereja dalam kehidupan sehari-hari mereka
lewat kehidupan bersama.[1]

Dukes dan beberapa pengusaha terkemuka setempat membangun
perusahaan yang disebut Restoration Concept, Inc. untuk menjadi
perusahaan investasi relasi dan finansial bagi WFC. Pada bulan Febru-
ari 2006, pintu-pintu bisnis yang diakui—bukan "kafe gereja"—dibuka
untuk mengasihi dan melayani komunitasnya. House Blend Café se-
penuhnya soal manusia. Ini adalah suatu tempat di mana siapa pun
akan merasa diterima, dapat membaur di dalamnya, dan menjumpai
"Siapa dari Gereja itu" dalam bentuk yang paling asli—mempertemu-
kan kultur sekitar dalam persahabatan dan kesatuan sambil menjalan-

kan proyek pelayanan komunitas. Seratus persen keuntungan yang diperoleh kafe digunakan untuk tujuan-tujuan pelayanan.

> *"Ini adalah masalah melayani," kata Dukes. "Ketika Allah memberkati kita, Dia berkehendak agar berkat-berkat itu mengalir melalui diri kita ketika kita menghidupi "hidup yang telah terkirim" seperti sebuah surat dari Allah yang menyatakan kasih-Nya yang tanpa syarat dan harapan yang tak pernah padam kepada orang-orang di sekitar kita."[2]*

SUDUT PANDANG KARYA PELAYANAN

Seorang pelayan adalah seorang pengelola hal-hal yang dimiliki orang lain. Secara pribadi, saya selalu beranggapan pekerjaan mengurus sebagai suatu hal yang pasti berhubungan dengan uang. Kenyataannya, saya menganggap diri saya seorang pelayan yang cukup baik berdasarkan kemampuan manajemen keuangan konservatif yang saya miliki dan persembahan yang konsisten. Menyumbang bagi karya Allah melalui persepuluhan (biasanya dipertimbangkan dengan persentase penghasilan kita) dan berderma (pemberian apa pun yang diberikan atas dasar kehendak bebas di luar persepuluhan) sungguh merupakan bukti ketaatan yang sahih. Namun, karya pelayanan yang setia meliputi hal yang lebih dari sekadar menyumbang dan berderma.

Karya pelayanan adalah suatu ungkapan bagaimana kita memilih untuk menjalani hidup kita dan bagaimana kita menggunakan waktu kita. Sebagai contoh, kita masing-masing diberi 168 jam setiap minggunya. Seberapa banyak waktu yang kita persembahkan kepada Allah dan kehendak-Nya? Berkumpul untuk ibadah formal sangat berarti untuk memupuk jiwa kita. Sekalipun demikian, karya pelayanan sejati diungkapkan dalam 167 jam yang tersisa dalam hidup kita setiap minggunya.

Pelayanan yang setia menuntut suatu perubahan perspektif yang kita miliki dalam hal kepemilikan. Seorang pelayan memahami bahwa segala sesuatu adalah dari Allah. Dialah yang memiliki segalanya, dan Dia telah menaruh kepercayaan kepada kita untuk memelihara segala ciptaan-Nya. Kita hanyalah para pelayan bagi berkat yang Dia selenggarakan. Dari sudut pandang ini, sikap melayani membebaskan kita untuk berani membagikan 100 persen berkat yang kita terima daripada sekian persen dari penghasilan kita. Begitu kita memahami bahwa segala sesuatu adalah milik Allah, inilah awal dari karya pelayanan sejati. Saya bisa menjadi pemegang saham mayoritas di organisasi kami. Sekalipun demikian, kenyataannya, Allah memilikinya semua. Dialah bos yang sebenarnya. Dia telah memercayakan waktu, pengetahuan, sumber daya, dan relasi untuk saya pelihara. Dalam berbagai cara dan sarana, Allah memercayai masing-masing dari kita dengan pekerjaan dan sumber daya. Dia memanggil kita untuk memuliakan diri-Nya dengan pelayanan dalam segala hal yang kita kerjakan.

PRIORITAS PELAYANAN

Tanpa tindakan pelayanan yang sesuai, mudah saja kita mengalami kekacauan untuk menentukan prioritas saat berhubungan dengan pekerjaan kita. Bagi banyak orang, tujuan dari bekerja adalah untuk menghasilkan banyak uang. Sekalipun demikian, seorang pelayan menyadari bahwa prioritas untuk mengumpulkan kekayaan pribadi pada akhirnya akan menimbulkan kerugian, sementara prioritas yang mengutamakan Allah membawa berkat abadi: "Orang yang dapat dipercaya mendapat banyak berkat, tetapi orang yang ingin cepat menjadi kaya, tidak akan luput dari hukuman" (Ams. 28:20). Tidak ada satu hal pun yang keliru mengenai membangun kemakmuran dan menghasilkan uang. Banyak orang saleh yang sejahtera. Namun, status finansial bukan-

77

lah hal yang diukur Allah. Dia secara mendalam menatap ke dalam jiwa kita dan mengukur kepatuhan kita kepada-Nya. Prioritas kita— di mana kita menggunakan waktu dan sumber penghasilan kita— mengungkapkan di mana letak kepatuhan kita yang sejati: "Karena di mana hartamu berada, di situ juga hatimu berada" (Mat. 6:21).

Allah memanggil kita menuju relasi kasih di mana Kristus adalah Tuhan. Hal itu berarti bahwa hidup kita adalah milik-Nya. Sebagai pelayan yang setia, kita seharusnya membuka diri bagi Dia untuk mengelola setiap keping yang kita pergunakan, setiap momen dari waktu yang ada pada kita, semua pikiran yang ada dalam benak kita, setiap relasi yang kita jumpai, setiap tindakan yang kita lakukan. Semua itu adalah milik-Nya. Kita adalah para pelayan untuk segala sesuatu yang Allah berikan kepada kita. Dia adalah prioritas kita, dan Dialah yang menyelenggarakan kehendak kita dalam kehidupan dan dalam karya.

Sebab jika kita hidup, kita hidup untuk Tuhan, dan jika kita mati, kita mati untuk Tuhan. Jadi baik hidup atau mati, kita adalah milik Tuhan. Sebab untuk itulah Kristus telah mati dan hidup kembali, supaya Ia menjadi Tuhan, baik atas orang-orang mati, maupun atas orang-orang hidup (Rm. 14:8–9).

Ketika Dia adalah Tuhan, kita tidak lagi digerakkan untuk menghasilkan uang, mengesankan orang lain, atau membangun kerajaan kita sendiri. Dengan sederhana, kita menempatkan prioritas kita pada memuliakan Dia. Ketika kita memuliakan Allah dengan pelayanan yang setia, segala hal berada pada tempat yang semestinya.

PENYELENGGARAAN KARYA PELAYANAN

Pelayanan menempatkan pekerjaan kita pada perspektif yang semestinya. Allah menggunakan pekerjaan kita untuk memenuhi kebutuhan fisik akan makanan, pakaian, tempat tinggal, perawatan kesehatan, pendidikan, dan lainnya. Dia dapat juga menggunakan pekerjaan kita untuk memenuhi kebutuhan spiritual yang kita alami sepanjang hari. Hal ini dapat terjadi ketika kita, sebagai pelayan yang baik, menyandarkan diri sepenuhnya pada penyelenggaraan-Nya.

> *Sebab itu janganlah kamu kuatir dan berkata: Apakah yang akan kami*
> *makan? Apakah yang akan kami minum? Apakah yang akan kami pakai?*
> *... Tetapi carilah dahulu Kerajaan Allah dan kebenarannya, maka se-*
> *muanya itu akan ditambahkan kepadamu (Mat. 6:31,33).*

Beberapa tahun yang silam, tujuan pekerjaan yang diinginkan dari pekerjaan saya mulai berubah dari menumbuhkan kerajaan saya sendiri menjadi digunakan oleh Allah untuk mengembangkan Kerajaan-Nya. Orang-orang dalam organisasi kami juga mengalami hal yang sama. Hal ini tidak berarti bahwa kami berhenti berusaha menjalankan usaha yang efektif dan menguntungkan. Sebaliknya, ini memiliki pengertian bahwa kami telah menentukan prioritas tujuan kami untuk menjadi para pelayan yang lebih baik untuk keuntungan-keuntungan yang Allah sediakan. Para pemimpin kami sering berkumpul untuk mendoakan perusahaan, para karyawan, dan Kerajaan Allah. Kami berdoa agar Allah berkenan menggunakan kami untuk kemuliaan-Nya dan supaya kami bisa menjadi para pelayan yang setia untuk sumber penghasilan dan relasi yang telah Dia percayakan kepada kami.

Adakalanya kami menangkap suatu penglihatan tentang apa yang Allah kerjakan lewat karya pelayanan dalam pekerjaan kami. Suatu kali, kami memiliki suatu kelompok *sales equipment* muda yang menyenangkan yang menangani wilayah Georgia utara. Mereka adalah para pekerja yang istimewa. Sekalipun demikian, saya tidak pernah tahu benar di manakah hati mereka berada. Selama merosotnya penjualan yang kami alami pada awal tahun 2000, semua karyawan muda itu meninggalkan perusahaan kami untuk mencari penghasilan yang tentu saja lebih besar, kecuali satu orang. Saya tidak tahu mereka sudah jadi apa sampai saat menerima *e-mail* ini:

Kris,

Saya mendatangi Paul pada suatu hari dan kami mendiskusikan bahwa Anda mungkin tidak mengetahui pengaruh bekerja di Vermeer Southeast terhadap diri kami. Kami membicarakan pertemuan bagian penjualan ketika Anda untuk pertama kalinya menyampaikan gagasan SHINE untuk tim penjualan kami. Malam sebelumnya, banyak teman yang keluar untuk berpesta dan ketika Paul duduk di tempat pertemuan dalam keadaan masih mabuk; mendengarkan Anda berbicara mengenai melayani orang lain dan memuliakan Allah lewat pekerjaan Anda, ia membuat pilihan untuk hidup lebih bertanggung jawab dan berniat untuk memancarkan sinarnya di hadapan orang lain.

Karena pimpinan perusahaan dengan terbuka mengangkat doa dan perkembangan spiritual dalam lingkungan kerja, Paul mengundang Greg untuk berdoa dan pergi ke gereja dengannya. Sekarang, Greg dan keluarganya telah mengikuti Kristus. Perubahan dalam kehidupan Paul dan Greg memiliki efek domino pada kelompok—seperti Paul membelikan Alkitab pertama untuk Eric dan Eric membacakannya saat devosi bersama dengan kelompok di pagi hari.

Anda sudah melihat diri Monte begitu ia tumbuh menjadi seorang pemimpin Kristen di perusahaan Anda, dalam gerejanya, dan di rumah tangganya. Ia telah memikul tanggung jawab itu untuk tataran yang baru bersama kelompoknya: untuk bersinar.

Paul sekarang sedang begitu bersemangat dalam pekerjaan misi di Haiti dan ikut terlibat dalam menyelamatkan banyak kehidupan dan jiwa untuk kerajaan Allah. Sebagaimana Anda tahu, selain Monte, kami semua menjalani pekerjaan lain, tetapi kami semua masih tetap membawa visi SHINE bersama kami. Kami semua memahami bagaimana kami dapat membuat suatu perbedaan yang abadi; keseluruhan hubungan keluarga kami mengalami kemajuan yang dramatis, dan kami sekarang dengan terbuka berbicara tentang Allah dan apa yang Dia kerjakan dalam kehidupan kami.

Saya tidak berpikir Anda akan tahu sampai saat Anda masuk ke Surga mengenai berapa banyak orang yang terpengaruh dari tempat penjualan peralatan milik Anda. Ini bukanlah soal bahwa Anda telah berkhotbah kepada kami atau mengatakan bahwa ini adalah kriteria pekerja yang seharusnya, tetapi Anda melaksanakan apa yang Allah tempatkan di hati Anda; bagaimana tujuan perusahaan kita harus memancarkan sinar bagi Kristus di hadapan banyak orang. Allah mengambilnya dari sana dan sekarang orang lain sedang melakukan hal yang sama di perusahaan mereka. Siapa yang akan tahu berapa banyak jiwa yang akan berubah karena SHINE. Saya hanya ingin Anda tahu betapa Anda telah mengubah hidup kami saat kami bekerja bersama Anda.

Salam untukmu kawan,
Scott

TUJUAN PELAYANAN

Tak ada satu hal pun yang kita alami dalam hidup sebanding dengan pengalaman digunakan oleh Allah untuk melaksanakan kehendak-Nya. Secara pribadi, saya hanya melakukan hal kecil yang membawa perubahaan pada hidup orang-orang ini. Yesus Kristus-lah yang melakukannya. Kenyataannya, hanya Allah saja yang dapat mengembangkan Kerajaan-Nya. Namun, dengan kuasa Roh Kudus-Nya, Dia berkarya melalui diri kita untuk melaksanakan kehendak-Nya. Tidak ada peran yang lebih besar yang dapat kita harapkan untuk dapat kita penuhi selain peran seorang pelayan setia yang digunakan oleh Allah untuk melaksanakan kehendak-Nya. Ketika Dia bersinar melalui jiwa kita, Dia dimuliakan. Kemuliaan-Nya terpancar dalam diri kita, kebutuhan-kebutuhan terjawab melalui diri kita, dan Kerajaan Allah semakin berkembang. Sikap setia dalam melayani memungkinkan kita menjadi semakin teguh sebagai perantara mengalirnya berkat Allah yang begitu indah.

> *Bagi Dialah, yang dapat melakukan jauh lebih banyak dari pada yang kita doakan atau pikirkan, seperti yang ternyata dari kuasa yang bekerja di dalam kita (Ef. 3:20).*

Catatan akhir

1. Jason Dukes, percakapan pribadi Orlando, FL, Maret 2007.
2. *Ibid.*

RENUNGAN

Tujuan Kesetiaan Saya

RINGKASAN

Prinsip Kedua: Hormati Allah

Salah satu kunci untuk memancarkan sinar melampaui suatu hal penting adalah menemukan tujuan untuk pekerjaan kita jauh dari sekadar mengumpulkan uang atau memenuhi kebutuhan-kebutuhan kita sendiri. Tujuan perusahaan saya adalah "menghormati Allah sebagai pelayan sumber daya dan relasi yang setia". Ketika kita memuliakan Allah, pekerjaan kita jauh melampaui diri kita dan membuat perbedaan dalam hidup orang lain. Sesosok roh penuh kesetiaan dinyatakan dengan mengasihi Dia dengan sepenuh hati, jiwa, pikiran, dan kekuatan. Sekalipun kita tidak mengharapkan semua karyawan mencakup tujuan ini, kami mendapati bahwa mereka yang meyakini tujuan itu menemukan makna dan pemenuhan yang lebih besar dalam pekerjaan mereka. Kami yakin bahwa Allah menyediakan tujuan yang paling agung dari segalanya.

Penerapan

1. Apakah tujuan pekerjaan Anda?
2. Jika Anda memiliki atau mengelola suatu perusahaan, apakah tujuan perusahaan Anda?
3. Apa yang dapat Anda lakukan di tempat kerja Anda untuk menjadi model kualitas ini?
   a. Kepercayaan
   b. Bersyukur
   c. Pelayanan
4. Apakah kehendak Allah pada pekerjaan Anda?

Renungkanlah:

Apakah tujuan kesetiaan Anda?

PERNYATAAN NILAI INTI

Jiwa yang setia taat pada kehendak Allah.

IZINKAN PERTUMBUHAN YANG BERKESINAMBUNGAN

Masuklah melalui pintu yang sesal itu,
karena lebarlah pintu dan luaslah jalan yang menuju kepada
kebinasaan dan banyak orang yang masuk melaluinya;
karena sesaklah pintu dan sempitlah jalan yang menuju kepada
kehidupan, dan sedikit orang yang mendapatinya.

(Mat. 7:13-14)

BAB 9

Nyalakan Api Kebajikan

PIKIRAN AKAN KEBAJIKAN MENGIKUTI VISI ALLAH

... kamu harus dengan sungguh-sungguh berusaha
untuk menambahkan kepada imanmu kebajikan,
dan kepada kebajikan pengetahuan, dan kepada pengetahuan
penguasaan diri, kepada penguasaan diri ketekunan,
dan kepada ketekunan kesalehan.

(2 Ptr. 1:5–6)

Pada usia dua belas tahun, saya membayangkan diri saya menjuarai Masters Golf Tournament. Impian itu mendorong saya untuk menjadi seorang pemain golf yang istimewa. Ketika duduk di bangku sekolah menengah atas, permainan saya semakin baik—cukup memadai untuk menerima beasiswa kuliah bagi pelajar yang berbakat dalam bidang golf. Sejak tahun-tahun awal kuliah, banyak rintangan yang mengalihkan perhatian saya. Dengan cepat saya kehilangan fokus dan kemantapan hati yang dituntut untuk menjadi istimewa dalam bidang golf yang kompetitif. Seiring menyurutnya visi saya untuk menjadi istimewa, kemajuan yang saya alami dalam bidang olahraga pun terhenti. Akhirnya, saya meninggalkan cita-cita itu.

Setelah selesai kuliah, saya bekerja di perusahaan ayah saya. Beliau membutuhkan karyawan dan saya membutuhkan pekerjaan. Ini tampak seperti kesesuaian yang alami. Peranan saya adalah menangani bagian mana pun yang membutuhkan. Jabatan tidak resmi yang saya miliki adalah "gopher"—mengerjakan hal ini, mengerjakan hal yang lain. Posisi saya ada di bagian paling bawah dalam struktur hierarki, seperti itulah tepatnya. Pikiran saya tidak terfokus ke sana sepenuhnya. Saya tidak memiliki niat sedikit pun untuk berbisnis peralatan. Tidaklah mengherankan jika performa kerja saya sebagai seorang karyawan jauh dari istimewa.

Suatu hari, saat pikiran saya kalut karena malu dengan keadaan, saya mendengar beberapa rekan karyawan sedang berbicara. Tidak seorang pun tahu saya sedang mendengarkan dari ruang sebelah. Mereka tengah membicarakan betapa tidak berharganya saya. Mereka semua setuju bahwa saya tidak pernah akan menghasilkan apa pun, bahwa saya hanya baik dalam mengayunkan tongkat golf dan bahwa satu-satunya alasan saya memperoleh pekerjaan pada posisi utama adalah karena ayah saya adalah pemilik perusahaan. Berbagai hambatan dalam kehidupan saya kembali menumpuk.

Untungnya, saat ini diri saya tidak diliputi berbagai hambatan itu. Sebaliknya, hambatan-hambatan itu telah memercikkan impian baru. Pada saat itulah, niat untuk memperbaiki diri saya muncul dalam diri saya. Impian baru saya adalah membuktikan bahwa saya bisa jauh lebih baik dalam bisnis ini daripada siapa pun, termasuk ayah saya. Impian baru ini terbukti cukup menyemangati saya. Tidak seorang pun akan memandang nepotisme sebagai alasan saya bekerja. Motivasi saya sangatlah tidak berdasar. Namun, motivasi ini menjadi pemicu yang mendorong saya menuju level istimewa, yang terus dikuatkan dengan perkembangan yang berkelanjutan. Saya menelaah, mempelajari, dan bekerja keras—mengerjakan apa pun tanpa memedulikan hasil untuk terus maju. Mengejar impian ini dengan ketekunan yang luar biasa akhirnya mengantar pada tingkat keberhasilan pribadi yang tinggi. Namun, apa yang tampak dari luar telah memenuhi impian untuk menjadi istimewa, akhirnya terasa hampa di dalam. Saya telah menemukan bahwa pemenuhan sejati ditemukan dalam usaha menemukan visi-Nya, bukan dalam mengejar impian saya sendiri.

Kebajikan adalah menggunakan pemberian Allah hingga potensi kita yang paling maksimal.

Dalam proses yang terus berkembang ini, saya belajar bahwa siapa pun dapat memimpikan impian yang luar biasa. Namun, Allah sendiri dapat menyatakan visi-Nya tentang kebajikan. Kebajikan sejati tidak ditemukan dalam tindakan membandingkan diri kita dengan orang lain. Keistimewaan sejati hanya ditemukan dalam upaya membuat sebanyak mungkin kesempatan yang Allah berikan kepada masing-masing dari kita. Visi Allah, kapasitas kita untuk bertumbuh dan berkembang meningkat secara beriringan. Kemampuan Allah untuk mengembangkan hidup kita—dan pengaruh kita pada kehidupan—secara luar biasa menambah kemampuan kita untuk mengembangkan diri kita sendiri, sebagaimana cakupan visi Allah secara luar biasa meningkatkan pemahaman dan kemampuan kita sendiri. Kenyataannya, visi untuk memancarkan sinar dengan keistimewaan mustahil dicapai hanya dengan apa yang kita miliki. Ini hanya bisa terjadi ketika kebajikan-Nya bersinar di dalam kita. Ketika Kristus bersinar di dalam diri kita, kita menghadirkan Kerajaan-Nya di dunia. Tidak ada satu hal pun lebih istimewa daripada hal itu.

KESAKSIAN AKAN KEBAJIKAN

Kebajikan, kualitas untuk menjadi terkenal atau hebat, sering disejajarkan dengan memenangkan sebuah permainan atau meraih posisi puncak dalam suatu profesi. Jika didukung untuk menunjukkan performa kinerja Anda dengan istimewa, Anda mungkin berpikir, "Hei, saya bukan seorang atlet profesional atau presiden direktur sebuah perusahaan. Saya hanya mengerjakan apa yang harus saya lakukan." Anda bahkan mungkin saja bertanya apakah hal yang Anda lakukan untuk hidup benar-benar menuntut kebajikan. Janganlah terjerumus dalam pemikiran semacam itu, bahkan untuk sesaat saja. Apa pun profesi Anda, Allah menghendaki kebajikan dari Anda.

Ketika kita memberikan hal terbaik yang kita miliki untuk kemuliaan-Nya—tanpa memedulikan apa pun hal itu—ini adalah hal yang istimewa. Saya mencoba menawarkan suatu definisi lain tentang keistimewaan. Keistimewaan adalah menggunakan pemberian Allah hingga potensi kita yang paling maksimal dalam melaksanakan berbagai rencana yang telah digariskan-Nya bagi kita. Ini adalah soal melakukan hal terbaik yang bisa kita kerjakan dengan apa telah kita terima. Mungkin, ini masalah menjadi orangtua atau teman atau mengerjakan suatu pekerjaan dengan baik. Apa pun panggilan kita, keistimewaan adalah bagian yang tak terpisahkan dari rencana Allah untuk mendekati kehidupan dan pekerjaan kita. Karena rencana Allah selalu mengarah menuju kebajikan, adalah suatu hal yang membingungkan ketika orang yang percaya menampilkan usaha yang jauh dari istimewa dalam pekerjaan mereka. Saya mengetahui para majikan yang sengaja tidak mempekerjakan orang Kristen karena mereka menjumpai banyak di antara kita yang memiliki kinerja rendah.

Salah seorang teman saya memiliki sebuah perusahaan jasa tenaga kerja yang besar di Inggris. Baru-baru ini, ia menyampaikan kekecewaannya pada kenyataan bahwa banyak orang Kristen yang dipekerjakannya adalah pekerja yang paling memprihatinkan kualitasnya, sering kali hanya memiliki sedikit motivasi dan etos kerja. Mengetahui bahwa ia juga seorang Kristen, mereka dengan lancang mengambil keuntungan dari kesamaan iman dengan bos mereka, memandang pekerjaan mereka sebagai sesuatu yang wajar, bukan sebagai suatu kesempatan. Sebagian, yang secara rutin menunjuk kesalahan yang dilakukan orang lain sementara mereka sendiri tidak pernah menunjukkan kebajikan, bertindak begitu mementingkan diri sendiri. Laporan ini mengecilkan hati saat pertama kali mendengarnya, dan semakin bertambah buruk.

Sebagai duta-duta Kristus, kehidupan kerja kita sangat penting untuk kesaksian kita. Orang percaya semestinya dengan sungguh-sungguh menyadari bahwa pekerjaan kita selalu dalam pengawasan orang-orang di sekitar kita. Pekerjaan kita seharusnya mencerminkan kebajikan Tuhan kita. Pekerja yang malas, suka mengeluh, dan bekerja dengan kualitas rendah tidak membuahkan perhatian dalam pesan Kristus. Namun, bagi orang-orang yang membumbung tinggi bagai rajawali ketika mereka melayani Tuhan, pengaruh dari pekerjaan mereka akan menarik perhatian positif—sama halnya memberikan kesempatan memberikan kesaksian untuk kebajikan khusus dan rahmat Yesus Kristus yang menyelamatkan. Kita dipanggil untuk menghadirkan Kerajaan Allah. Untuk alasan itulah, orang Kristen seharusnya menjadi para pekerja kelas atas di lingkungan kerja mana pun.

Kerjakanlah segala sesuatu dengan tidak bersungut-sungut atau bertengkar. Dengan demikian kalian menunjukkan bahwa kalian adalah anak-anak Allah yang tidak bercela, yang hidup dengan tulus dan benar di tengah-tengah orang jahat dan berdosa. Dan pada waktu kalian menyampaikan kepada mereka berita yang memberi hidup, hendaklah kalian menjadi bagi mereka seperti cahaya yang bersinar menerangi dunia .... (Flp. 2:14–15, BIS-LAI)

PIKIRAN YANG PENUH KEBAJIKAN

Jika kualitas kerja Anda tidak didefinisikan dengan kebajikan, inilah waktunya untuk mengubah pemikiran Anda. Kebajikan mulai dalam bentuk gagasan di dalam benak. Diperkirakan bahwa hampir 10.000 gagasan muncul dalam pikiran manusia setiap hari. Semua tindakan kita, entah baik atau buruk, pertama kali muncul dalam pikiran kita sebagai suatu gagasan. Apa yang kita pikirkan adalah awal dari tindakan yang kita ambil. Lewat doa, membaca Alkitab, dan pencarian kita akan kehendak Allah, Alkitab memenuhi pikiran kita dengan gagasan-gagasan istimewa: "Sebab mereka yang hidup menurut daging, memikirkan hal-hal yang dari daging; mereka yang hidup menurut Roh, memikirkan hal-hal yang dari Roh" (Rm. 8:5).

Sifat dasar dosa membelokkan pikiran-pikiran kita menjauh dari keistimewaan. Pikiran yang tinggi hati, negatif, dan mementingkan diri sendiri semuanya dihasilkan oleh sifat dasar dosa. Sebaliknya, Roh Allah menyediakan berbagai gagasan yang saleh dan istimewa bagi kita. Apakah yang Anda pikirkan saat bekerja? Apakah Anda digerakkan oleh Roh? Atau apakah sifat dasar dosa terlihat mengendalikan pikiran Anda? Hanya dengan kekuatan Roh kita dapat mengatasi sifat dasar dosa dan bangkit mengatasi berbagai gagasan negatif yang kita miliki. Ketika Roh Allah membimbing gagasan-gagasan kita, kita menyatakan pikiran mengenai kebajikan:

> *Damai sejahtera Allah, yang melampaui segala akal, akan memelihara hati dan pikiranmu dalam Kristus Yesus. Jadi akhirnya, saudara-saudara, semua yang benar, semua yang mulia, semua yang adil, semua yang suci, semua yang manis, semua yang sedap didengar, semua yang disebut kebajikan dan patut dipuji, pikirkanlah semuanya itu. (Flp. 4:7–8).*

Mengendalikan gagasan yang kita miliki sangatlah penting, karena gagasan-gagasan itu membuahkan impian kita. Impian yang sangat kuat membuat kita terus berpikir, membangun visi masa depan yang dikehendaki, dan memberi kita sesuatu untuk kita tuju. Impian menginspirasi dan memperluas visi kita. Dalam bisnis, pribadi yang paling banyak berhasil adalah pribadi yang memiliki impian dan rencana yang efektif untuk mewujudkannya. William James mengatakan, "Kebanyakan orang tidak pernah berlari cukup jauh pada tahap pertama mereka untuk mengetahui mereka mendapatkan yang kedua. Berikanlah pada impian Anda semua hal yang Anda dapatkan dan Anda akan takjub pada kekuatan yang keluar dari diri Anda."[1]

Akankah Allah dimuliakan?

VISI YANG PENUH KEBAJIKAN

Sama seperti inspirasi menghasilkan impian, pentinglah untuk dicatat bahwa ada perbedaan besar antara mengejar impian dan mencari visi Allah. Pikiran manusia kita dapat membayangkan banyak impian. Namun, hanya Tuhanlah yang dapat menyatakan visi-Nya. Karena impian dapat begitu memotivasi, hal yang mendasar adalah bahwa impian yang kita kejar harus sejalan dengan visi Allah. Sebagai contoh, ada suatu perbedaan besar antara mengimpikan mencapai kemakmuran yang luar biasa sehingga kita dapat hidup dalam gaya hidup yang berkelimpahan dengan mengimpikan bahwa Allah akan memberkati kita secara finansial sehingga kita dapat menyediakan nafkah bagi keluarga kita dan membantu kemajuan Kerajaan-Nya. Untuk meyakinkan bahwa suatu impian ada pada arah yang benar, cobalah pertanyaan sederhana ini: *Jika saya mewujudkan impian ini, akankah Allah dimuliakan?*

Suatu visi yang penuh kebajikan selalu memuliakan Allah. Visi-Nya memberikan inspirasi kasih, iman, pelayanan, dan ketekunan. Visi Kerajaan Allah-lah yang menginspirasi kita dari dalam dan mengangkat kita dengan agung menuju kebajikan yang melampaui pemahaman: "Sebab rancangan-Ku bukanlah rancanganmu, dan jalanmu bukanlah jalan-Ku, demikianlah firman TUHAN. Seperti tingginya langit dan bumi, demikianlah tingginya jalanKu dari jalanmu dan rancanganKu dari rancanganMu" (Yes. 55:8–9).

Ketika hati dan jiwa kita terpusat pada kebajikan untuk mencari Allah dan kerajaan-Nya, kemudian mata pikiran kitalah yang dapat mulai menangkap visi Kerajaan-Nya.

Pikiran yang penuh kebajikan mengejar visi Allah.

... Inilah firman Anak Allah, yang mata-Nya bagaikan nyala api dan kaki-Nya bagaikan tembaga: Aku tahu segala pekerjaanmu: baik kasihmu maupun imanmu, baik pelayananmu maupun ketekunanmu. Aku tahu, bahwa pekerjaanmu yang terakhir lebih banyak dari pada yang pertama. (Why. 2:18–19).

Visi Allah begitu luas, melampaui batas ruang dan waktu serta membentang untuk selamanya. Allah senantiasa memperhatikan perkembangan yang terus kita alami dan menggunakan kapasitas yang ada pada diri kita sejak lahir untuk kemajuan guna mempersiapkan diri kita untuk keabadian. Pikiran yang penuh kebajikan terus-menerus meningkatkan *kemampuan*, menginspirasi *keberanian*, dan menyalakan *semangat* sehingga kebajikan Kerajaan Allah terpancar jelas dalam segala hal yang kita lakukan.

Dan orang-orang yang melakukan kehendak Allah akan bersinar se-perti matahari di dalam Dunia Baru Allah, Bapa mereka. Jadi, kalau punya telinga, dengarkan (Mat. 13:43, BIS-LAI).

Catatan akhir

1.   William James, www.quotationspage.com, (diakses 15 November 2007).

BAB 10

Bersinar dengan Kecakapan

MEMBUBUNG TINGGI DENGAN KEKUATAN

Pernahkah engkau melihat orang yang cakap dalam pekerjaannya?
Di hadapan raja-raja ia akan berdiri,
bukan di hadapan orang-orang yang hina.
(Ams. 22:29)

"Dua dari hari yang paling penting dalam kehidupan Anda adalah hari saat Anda dilahirkan dan hari saat Anda menemukan alasan mengapa Anda dilahirkan."

Saya sedang menghadiri sebuah konferensi kepemimpinan dan kata-kata ini memberikan dampak yang kuat pada diri saya. Pembicara hari itu adalah Kirbyjon Caldwell, pendeta dari Windsor Village United Methodist Church di Houston, Texas. Caldwell membagikan kisahnya mengenai bertumbuh di dalam komunitas yang keras, mengupayakan jalan keluar bagi dirinya lewat pendidikan, lulus dari Wharton School of Business, dan menjadi seorang broker investasi Wall Street yang berhasil. Ini adalah bukti bahwa Allah telah membekali Caldwell dengan kecakapan yang luar biasa dan dorongan untuk berkembang terus-menerus. Setiap tahun membawa keberhasilan yang lebih banyak seiring usahanya yang terus-menerus mengejar impiannya. Akhirnya, Allah menyatakan visi yang penuh kebajikan kepada Caldwell, yang diyakininya secara jelas menunjukkan alasan atas keberadaannya: "Hati dan pikiran saya menjadi dilebihkan dalam apa yang Allah kehendaki untuk saya lakukan."

Caldwell menjadi sadar sepenuhnya bahwa Allah telah memberikan kepadanya kekuatan dan kemampuan yang dapat digunakan untuk panggilan yang jauh lebih tinggi daripada sekadar membangun keberhasilan pribadi. Kribyjon mundur dari jabatan tingginya untuk masuk seminari dan akhirnya memimpin sebuah gereja kecil di Houston yang hanya memiliki 25 anggota jemaat. Sekarang ini, gereja ini telah berkembang dengan memiliki lebih dari 14.000 anggota jemaat. Namun, yang lebih penting, visi Caldwell telah memberikan pengaruh besar bagi komunitas di sekitarnya.

Dalam suatu wilayah kota yang miskin, terbuang, dan penuh kekerasan, sekarang muncul suatu harapan baru. Pada awal tahun 1990-an, Caldwell menempatkan kecakapan bisnisnya untuk bekerja—memperoleh dan memperbarui sebuah toko serbaada yang terbengkalai. Di tempat yang sebelumnya berdiri suatu simbol komunitas yang merosot dan kumuh, sekarang berdiri sebuah pusat perdagangan seluas 104.000 kaki persegi, yang menjadi tempat pelayanan pendidikan, kesehatan, dan keuangan. Perkembangan dari "pusat kekuasaan" ini memainkan peranan yang sangat penting dalam memacu pertumbuhan ekonomi, memperbaiki moral, dan menguatkan perubahan menyeluruh pada banyak bidang kehidupan dalam komunitas ini.[1] Mendengar cerita Caldwell pada hari itu sungguh membuka pikiran saya pada apa yang Allah kerjakan lewat kecakapan para pelayan yang Dia bekali untuk mencari visi-Nya.

MENETAPKAN KEKUATAN

Allah telah menciptakan masing-masing dari kita dengan kekuatan dan kemampuan yang unik. Saya senang menanyai orang-orang apakah ketiga bidang kekuatan luar biasa yang mereka miliki. Tanggapan yang biasa adalah "Saya tidak tahu" atau "Saya belum pernah memikirkan hal itu." Kadang kala, orang berhati-hati untuk tidak menunjukkan kekuatan mereka karena mereka tidak ingin terlihat sombong.

Berikut ini adalah suatu hal yang perlu dipertimbangkan. Alasan Anda memiliki kekuatan adalah karena Allah telah memberikannya kepada Anda. Ketika kita menyadari bahwa kekuatan kita adalah pemberian dari Allah, kita menemukan bahwa mengakui dan menggunakan kekuatan-kekuatan yang ada pada kita memberikan kesempatan untuk memuliakan-Nya. Satu hal terpenting yang dapat kita lakukan untuk perkembangan pribadi kita adalah menunjukkan kekuatan-kekuatan yang telah Allah berikan kepada kita. Mengetahui kekuatan seseorang sangatlah penting bagi semua bentuk perkembangan.

Renungkanlah: alasan Anda memiliki kekuatan karena Allah menganugerahkannya kepada Anda dalam bidang ini. Saat kita menyadari bahwa kekuatan kita adalah anugerah dari Allah, kita menemukan bahwa mengakui dan menggunakan kekuatan ini memberikan kesempatan untuk memuliakan nama-Nya. Salah satu hal paling penting yang dapat kita gunakan demi pertumbuhan pribadi kita adalah menetapkan kekuatan yang diberikan oleh Allak kita. Mengetahui suatu kekuatan adalah hal yang penting bagi setiap perbaikan diri.

Sediakanlah waktu untuk mempertimbangkan dan mencatat tiga bidang pekerjaan Anda di mana Anda paling kuat. (Sebagai contoh, yang saya miliki adalah: kepemimpinan, komunikasi, dan pelatihan.)

1. _____

2. _____

3. _____

Berikutnya, mintalah teman, keluarga, dan rekan kerja untuk memberi tahu Anda apa yang mereka anggap sebagai tiga bidang kemampuan terbaik yang dianugerahkan kepada Anda. Kemudian, bandingkan daftar mereka dengan daftar Anda sendiri. Latihan ini bisa jadi menyenangkan dan dapat memberikan Anda informasi yang berharga. Begitu kekuatan-kekuatan Anda yang luar biasa telah ditetapkan, Anda seharusnya memusatkan perhatian Anda untuk mengembangkan dan memaksimalkan bidang kekuatan itu. Pikirkan cara yang dapat Anda kembangkan untuk ketiga bidang kekuatan yang ada dalam daftar Anda.

Tanpa disadari, pada usia muda, kita dikondisikan untuk tidak memusatkan perhatian pada kekuatan-kekuatan kita, melainkan pada kekurangan-kekurangan kita. Apabila seorang anak memiliki kecakapan yang baik dalam membaca tetapi kurang dalam matematika, para guru memberi penekanan untuk meningkatkan kemampuan matematika anak tersebut. Konsekuensinya, lebih banyak waktu disediakan untuk mengembangkan keterampilan matematika dan lebih sedikit untuk mengembangkan keterampilan membaca. Hal ini mungkin saja diperlukan untuk mengembangkan suatu kesatuan pengetahuan yang lengkap. Namun, ketika kita berada dalam tuntutan pekerjaan, banyak dari kita berpikir reflektif bahwa kita perlu menjadi seorang pekerja dengan kecakapan yang lengkap jika kita ingin berhasil. Hal ini tidak sepenuhnya benar. Para pekerja yang paling berhasil adalah mereka yang secara naluriah memusatkan kekuatan-kekuatan mereka pada wilayah-wilayah kekuatan luar biasa yang telah mereka terima.

TERIMALAH KELEMAHAN

Saya selalu meminta para karyawan yang memiliki prospek untuk memberi tahu saya mengenai kelemahan paling besar yang ada dalam diri mereka. Merupakan hal yang luar biasa bahwa pertanyaan ini membuat kebanyakan orang tidak nyaman, khususnya dalam wawancara pekerjaan. Tanggapan mereka menceritakan kepada saya banyak hal tentang diri mereka. Kita semua memiliki kelemahan, dan usaha mengingkari atau menutupinya benar-benar mengurangi kemampuan kita untuk mengupayakan pengembangan diri.

Pada awal karier saya, sementara berusaha mati-matian untuk membuktikan diri saya, saya dikuasai anggapan yang keliru bahwa saya seharusnya luar biasa dalam segala hal untuk maju. Saya terus berupaya menjadi apa saja bagi semua orang. Tentu saja, saya tidak berhasil melakukannya. Saya masih bisa mengingat senyum-senyum sinis saat saya akhirnya menyadari bahwa saya tidaklah terlalu baik untuk begitu banyak hal. Apa yang bagi saya terlihat seperti suatu terobosan dari kebenaran yang baru ditemukan pada kenyataannya hanyalah menegaskan apa yang sudah diketahui orang lain: saya benar-benar payah untuk hal-hal tertentu.[1]

Ketika kita mengakui kelemahan kita kepada orang-orang di sekitar kita, jarang hal ini dianggap informasi baru. Mengakui kelemahan tidaklah menjadikan perhatian tertuju pada kelemahan kita seperti menampilkan kekuatan batin yang ditemukan dalam kesadaran diri. Buatlah daftar tiga kelemahan Anda yang terbesar. (Sebagai contoh, kelemahan saya adalah: perhatian pada hal-hal kecil, administrasi, dan kemampuan mekanik.)

1. _____

2. _____

3. _____

Saat membuat daftar kelemahan-kelemahan Anda, pikirkanlah cara yang dapat Anda usahakan untuk mengatasi kekurangan-kekurangan tersebut bukannya membiarkan kekurangan-kekurangan itu menghambat Anda maju.

Alkitab memberitahukan agar kita tidak menyembunyikan atau pun merasa malu karena kelemahan-kelemahan kita melainkan menerima mereka dengan keyakinan akan kekuatan Allah yang menolong kita mengatasi apa pun yang menghalangi karya-Nya di dalam dan melalui kita: "'Cukuplah kasih karunia-Ku bagimu, sebab justru dalam kelemahanlah kuasa-Ku menjadi sempurna.' Sebab itu terlebih suka aku bermegah atas kelemahanku, supaya kuasa Kristus turun menaungi aku" (2 Korintus 12:9). Allah menciptakan masing-masing dari kita dengan kekuatan dan kelemahan. Ini adalah bagian dari rencana-Nya untuk menggunakan kekuatan-Nya –meskipun kita lemah– untuk kemuliaan-Nya. Mengakui dan menerima kelemahan-kelemahan kita merupakan langkah yang perlu menuju perkembangan yang terus-menerus.

PUSATKANLAH PADA KEKUATAN

Begitu kekuatan dan kelemahan kita ditentukan, penting untuk memperjelas tanggung jawab pekerjaan pokok dari pekerjaan kita (inilah alasan untuk apa kita dibayar). Dengan menilai keterampilan-keterampilan kita dalam hubungannya dengan tuntutan pekerjaan kita, kita mampu memahami seberapa baik kesesuaian kita menjalankan peranan kita dan bagaimana kita dapat menjadi yang paling efektif pada posisi itu. Apabila Anda dibayar untuk melakukan sederetan pekerjaan lebih karena kelemahan Anda daripada dengan kekuatan yang Anda miliki, mungkin inilah saatnya Anda mencari posisi lain. Anda akan menjadi sangat bahagia dan sangat efektif bekerja ketika kekuatan alami Anda berjajar dengan tanggung jawab pekerjaan pokok yang Anda miliki.

Dalam perusahaan kami, kami mendapati bahwa begitu banyak posisi dapat disempitkan menjadi lima bidang pokok tanggung jawab yang mengantar pada performa pekerjaan yang berhasil. Sebagai contoh, para *general manager* (GM) perusahaan kami baru-baru ini mengadakan pertemuan untuk memperjelas tanggung jawab pokok dari posisi mereka. Setelah mendata ratusan kegiatan, mereka kemudian menyempitkan tanggung jawab kunci pekerjaan mereka menjadi lima bidang pokok yang menjadi tanggung jawab mereka sepenuhnya:

1. Menyelenggarakan kepemimpinan dan arahan.
2. Memastikan profitabilitas dan pertumbuhan.
3. Mengembangkan sumber daya manusia.
4. Menjamin kepuasan pelanggan.
5. Mengelola dan melengkapi inventaris.

Para GM kami telah terlebih dahulu menentukan wilayah kekuatan luar biasa dari pribadi mereka. Tanggung jawab mereka selanjutnya adalah membandingkan tanggung jawab pekerjaan ini dengan bidang kecakapan yang mereka miliki. Berdasarkan bagaimana daftar ini terpampang, mereka dikuatkan untuk memusatkan perhatian pada wilayah kekuatan mereka dan menggunakan sebagian besar waktu mereka untuk bekerja dan mengembangkan bidang di mana mereka memang yang terkuat.

MENGELOLA KELEMAHAN

Dalam buku *Soar with Your Strengths*, pengarang Donald Clifton dan Paula Nelson menulis: "Apakah yang akan terjadi jika kita mencermati apa yang benar dipertentangkan dengan apa yang keliru oleh manusia?

Alih-alih berfokus pada apa yang sulit dilakukan oleh anak atau karyawan Anda, penekanannya semestinya dilakukan pada membantu mereka melakukan hal yang mampu mereka lakukan dan mengatasi bidang kelemahan mereka."[2]

Sedemikian sering kita mengevaluasi orang berdasarkan hal yang mereka kerjakan dengan kurang baik. Bukan sebaliknya, berdasarkan hal yang mereka lakukan dengan baik. Misalnya, para *general manager* perusahaan kami semuanya adalah para karyawan dengan performa dan kualitas terbaik. Masing-masing dari mereka unik dalam kekuatan dan kemampuan yang mereka bawa untuk tim. Sebagian adalah pemimpin yang luar biasa, sementara sebagian lagi adalah analis yang hebat. Namun, tak seorang pun dari mereka kuat dalam kelima bidang pokok tanggung jawab pekerjaan mereka. Akan menjadi hal yang nyata-nyata mudah untuk menunjuk kekurangan mereka dan meminta mereka untuk memusatkan perhatian pada memperbaiki kelemahan mereka. Namun, bukan itu yang kami pilih untuk dilakukan.

Sebaliknya, kami mendorong mereka untuk bekerja bersama dengan yang lain dalam tim untuk menyisihkan kelemahan-kelemahan mereka sehingga mereka dapat menggunakan waktu lebih banyak untuk memaksimalkan kekuatan-kekuatan mereka. Berdasar pada kekuatan-kekuatannya, mereka semua melakukan pendekatan pada pekerjaan mereka dengan cara yang berbeda. Namun masing-masing dari mereka mencapai tujuan yang sama karena mereka memercayakan dan menjalankan pekerjaan bersama lainnya untuk meminimalkan kekurangan yang mereka miliki. Dengan memusatkan perhatian pada kekuatan-kekuatan mereka dan mengelola kelemahan-kelemahan yang mereka miliki, perusahaan kami mampu berjalan dengan lebih mulus daripada jika kami mengharapkan para GM kami semuanya melaksanakan pekerjaan dengan cara yang persis sama. Masing-masing karyawan kami bekerja dengan lebih efektif dan memperoleh kepuasan yang lebih besar karena mereka memberikan sebagian besar dari usaha mereka pada bidang kecakapan luar biasa yang ada pada mereka dengan tetap memberikan dukungan pada bidang kelemahan mereka. Kami semua dapat mengembangkan kecakapan kami dengan melakukan hal yang kami kerjakan dengan sebaik mungkin dan mendelegasikan sisanya.

MEMBUBUNG TINGGI DENGAN KEKUATAN

Kecakapan adalah perpaduan kekuatan, keterampilan, dan kebiasaan kerja kita. Para karyawan dengan performa terbaik tidak pernah puas dengan hal-hal yang sekarang ini ada. Mereka secara terus-menerus mencari perkembangan dalam apa yang mereka lakukan. Visi kesempurnaan tidak pernah membiarkan kita "sampai" atau mengetahui visi itu sepenuhnya. Tanpa mempersoalkan seberapa banyak yang kita tahu atau capai, selalu ada lebih banyak hal untuk dipelajari dan bidang untuk dikembangkan. Pengarang kitab Amsal menuliskan, "Baiklah orang bijak mendengar dan menambah ilmu dan baiklah orang yang berpengertian memperoleh bahan pertimbangan" (Ams. 1:5). Kehendak untuk berkembang menuntut pengambilan tanggung jawab untuk meningkatkan kecakapan Anda.

**Komitmen pada perkembangan pribadi
selalu mendahului perkembangan kelompok.**

Hal yang selalu mengusik saya adalah seberapa sering orang menyalahkan orang lain untuk kekurangcakapan mereka sendiri. Di antara alasan yang paling sering saya dengar adalah: "Saya tidak mendapatkan pelatihan yang cukup," "Saya tidak pernah memperoleh bantuan apa pun," dan "Tak seorang pun mengajari saya dalam hal apa pun." Memang, banyak perusahaan payah dalam hal pelatihan para karyawan. Namun, hal ini bukanlah suatu alasan yang dapat diterima atas suatu kekurangcakapan. Tiap-tiap pribadi harus menerima tanggung jawab atas perkembangan diri mereka sendiri.

Jangan hanya duduk dan menunggu seseorang untuk membantu Anda berkembang. Ambilah inisiatif. Kenyataannya, Anda dapat mengambil langkah positif saat ini juga dengan menentukan tiga hal yang dapat Anda lakukan dalam 30 hari ke depan untuk mengembangkan kecakapan kerja Anda:

1. _____

2. _____

3. _____

- Menentukan tanggung jawab.
- Belajar lebih banyak.
- Berlatih dengan lebih giat.
- Mengembangkan keterampilan.
- Membubung tinggi dengan kekuatan.

Bagi suatu perusahaan yang ingin terus-menerus berkembang, proses merupakan hal yang harus pertama kali ada dalam pikiran tiap-tiap karyawan. Komitmen pada perkembangan pribadi selalu mendahului perkembangan kelompok. Apabila Anda berada, atau ingin berada, pada posisi pimpinan, hal paling penting yang dapat Anda lakukan untuk orang-orang yang Anda gerakkan untuk dipimpin adalah mengembangkan diri Anda sendiri. Saat Anda berkembang dalam kecakapan—saat Anda memberikan teladan bagi yang lain untuk mengupayakan perkembangan—Anda menjadi lebih bernilai bagi orang-orang di sekitar Anda.

Salah satu cara tercepat untuk berkembang dalam kecakapan adalah mengembangkan kebiasaan kerja Anda: "Janganlah hendaknya kerajinanmu kendor, biarlah rohmu menyala-nyala dan layanilah Tuhan" (Rm. 12:11). Dengan tidak memedulikan situasi sekitar, kita seharunya selalu memberikan usaha terbaik kita untuk bertumbuh dan berkembang demi kemuliaan-Nya. Meningkatkan pengetahuan, keterampilan, dan kebiasaan kerja kita mengarahkan kita untuk mencapai kemampuan yang diberikan Allah kepada kita. Semakin kita berkembang dalam kecakapan, semakin kita menyatakan kebajikan-Nya.

Catatan akhir

1. Jenny Staff Johnson, "The Minister of Good Success," *Christianity Today* (Oktober 2001), 60.
2. Donald O. Clifton and Paula Nelson, *Soar with Your Strengths* (New York: Dell Publishing, 1992), 20-21.

BAB 11

Bersinar dengan Keberanian

MENGAMBIL TINDAKAN

Bukankah telah Kuperintahkan kepadamu:
kuatkan dan teguhkanlah hatimu?
Janganlah kecut dan tawar hati,
sebab TUHAN, Allahmu, menyertai engkau,
ke mana pun engkau pergi.

(Yos. 1:9)

Setelah beberapa tahun kuliah—setelah menyingkirkan impian menjadi pemain golf—saya mengalihkan perhatian dari bidang manajemen bisnis ke jurnalisme penyiaran. Saya dengan cepat mengambil praktik kerja dengan bekerja secara cuma-cuma di bagian olahraga pada sebuah cabang televisi jaringan. Latihan kerja ini memberi saya kesempatan luar biasa untuk belajar secara langsung bagaimana para penyiar olahraga melakukan pekerjaan mereka serta bagaimana mereka mendapatkan suatu pekerjaan. Untuk menjadi penyiar olahraga, seseorang memerlukan pengalaman siaran sebagai seorang penyiar olahraga: Tidak memerlukan waktu lama bagi saya untuk menyusun suatu rencana.

Suatu hari, saya bertanya kepada seorang juru kamera yang sedang saya bantu—dengan membawakan perlengkapannya—apakah ia akan merekam video saya sambil berkata, "Untuk CBS sports, ini Kris Den Besten." Berikutnya, pada suatu Sabtu malam setelah siaran berita, saya berbicara dengan rekan-rekan di studio hingga larut malam untuk merekam saya membacakan siaran olahraga. Dari dua proses rekaman ini, saya menaruh secara bersamaan satu rekaman video saya yang sedang menyampaikan reportase berita dan siaran olahraga. Saya menggandakan rekaman tersebut dan mengirimkannya ke sejumlah stasiun televisi yang lebih kecil. Sungguh suatu kejutan bagi saya, karena saya diterima bekerja sebagai penyiar utama siaran olahraga akhir pekan di sebuah cabang televisi jaringan. Pada usia 20 tahun, tanpa pelatihan formal, tanpa pengalaman, dan tanpa gelar akademik, saya mulai separuh jalan menjelajah Amerika Serikat dengan menjadi penyiar olahraga akhir pekan pada siaran langsung televisi. Tidak dapat disangkal, ini bukanlah tindakan pintar dan sedikit kurang pertimbangan. Namun, hal ini benar-benar menjadi bagian yang indah dari keberanian yang ada pada diri saya.

Hanya dalam beberapa bulan menyatakan minat utama saya, saya sudah mulai siaran—dan sering kali mempermalukan diri saya sendiri—pada siaran langsung televisi. Tidak perlu dikatakan, saya tidak menjadi seorang bintang jaringan televisi. Namun, pengalaman ini sungguh menyediakan suatu kesempatan perkembangan luar biasa dan suatu kerja paruh waktu yang cukup menggembirakan, sementara saya menyelesaikan tuntutan jenjang kuliah saya. Setelah dua tahun, saya meninggalkan karier televisi saya dan pulang dengan sebuah gelar di bidang penyiaran—jelas bukan pendidikan yang sesuai untuk karier sebagai *salesman* traktor.

UPAYAKAN PERUBAHAN

"Janganlah mengguncangkan kapal." "Pilihlah jalan yang paling mudah." "Kita selalu melakukannya dengan cara ini." "Ini berjalan baik sekarang." "Mengapa berubah?" "Ini kebijakan perusahaan." Apakah pernyataan-pernyataan ini terdengar akrab di telinga Anda? Pernyataan-pernyataan itu adalah kredo-kredo *status quo*. Diteriakkan dari tempat berbahaya yang disebut zona nyaman, mereka adalah musuh perkembangan—bangunan penghalang yang biasa-biasa saja.

Berkembang secara terus-menerus menuntut keberanian untuk:

- Mencoba hal-hal baru.
- Melangkah keluar dari zona nyaman.
- Melakukan perubahan.
- Mengusahakan visi kebajikan.

Dalam buku *Built to Last*, suatu kajian mengenai upaya untuk tetap bertahan, perusahaan-perusahaan papan atas—perusahaan-perusahaan yang didirikan sebelum tahun 1900 dan masih berkembang pada pertengahan 1990-an—pengarangnya, Jim Collins dan Jerry Porras, menunjukkan peranan penting perubahan dalam membuat suatu perusahaan menjadi luar biasa: "Sungguh, jika ada satu rahasia untuk perusahaan besar yang tetap bertahan, ini adalah kemampuan untuk mengelola kesinambungan dan perubahan—suatu disiplin yang harus dipraktikkan secara sadar, bahkan oleh perusahaan yang paling memiliki visi."[1]

Keberanian untuk berubah adalah tuntutan yang sangat penting bagi suatu perusahaan yang ingin tumbuh dan berkembang. Semua kemajuan menuntut perubahan. Hal ini tidak dapat dihindari dan tidak dapat dihentikan. Perubahan dengan negosiasi secara proaktif adalah kunci bagi kehidupan yang berhasil dalam pekerjaan. Dalam bisnis, hal yang mendasar adalah mengupayakan perubahan positif dan secara terus-menerus, melampaui zona nyaman. Collins dan Porras menuliskan:

Kenyamanan bukanlah tujuan dalam suatu perusahaan visioner. Perusahaan-perusahaan visioner menyalurkan mekanisme yang penuh kekuatan untuk menciptakan ketidaknyamanan—untuk menghapuskan kepuasan terhadap diri sendiri—dan kemudian memacu perubahan dan perkembangan sebelum dunia luar memintanya.[2]

HADAPILAH KETAKUTAN

Mengumpulkan keberanian adalah keharusan saat kita menghadapi pencobaan yang menakutkan. Mengejar visi Allah akan kebajikan tidaklah berbeda. Visi-Nya menuntut kita untuk melangkah melewati zona nyaman kita, bangkit melampaui rasa takut, dan menang melawan rasa minder. Ini menguji iman kita dan mengungkap apa yang kita yakini tentang Dia. Alkitab menguatkan kita: "Berjaga-jagalah! Berdirilah dengan teguh dalam iman! Bersikaplah sebagai laki-laki! Dan tetap kuat!" (1 Kor. 16:13). Pernyataan "janganlah takut" muncul lebih dari 300 kali di dalam Alkitab. Perintah untuk "takut akan Allah" muncul dalam jumlah yang banyak pula. Korelasinya sederhana: Ketika kita takut akan Allah, tidak ada alasan apa pun untuk takut pada hal lainnya, apa pun bentuknya.

Takut akan Allah mendatangkan hidup, maka bermalam dengan puas, tanpa ditimpa malapetaka (Ams. 19:23).

Allah lebih besar daripada semua ketakutan kita. Takut akan Allah menumbuhkan keberanian menghadapi ketakutan dan mengambil tindakan. Eleanor Roosevelt mengatakan, "Anda mendapatkan kekuatan, keberanian, dan keyakinan dengan setiap pengalaman di mana Anda benar-benar berhenti untuk melihat ketakutan pada wajah Anda."[3]

Mengembangkan keberanian dapat menjadi pekerjaan yang berat. Kabar baiknya adalah bahwa jika Allah memberikan visi, Dia akan selalu menyelenggarakan ketersediaan untuk memenuhi kehendak-Nya.

Beberapa tahun yang lalu, seorang konsultan industri bekerja dengan perusahaan kami untuk memberikan pelatihan kepada para karyawan dan membicarakan perubahan-perubahan yang mungkin dilakukan dalam struktur manajemen perusahaan kami. Saya berbagi dengan konsultan itu keinginan untuk menggunakan Matius 5:16 untuk visi perusahaan kami. Ia memberi tahu saya bahwa, meskipun secara pribadi setuju dengan konsep terebut, sebagai seorang konsultan, ia tidak dapat menganjurkan membangun suatu pernyataan visi perusahaan dengan menggunakan bacaan dari Alkitab. Ia mengingatkan bahwa hal itu dapat menyinggung orang atau menimbulkan perpecahan. Ia merasa bahwa kami akan kehilangan karyawan dan pelanggan jika kami melakukan hal itu. Ia menyamakannya dengan melukis suatu sasaran besar pada perusahaan kami dan menempatkan diri kita sendiri pada pemeriksaan, kritik, dan kegagalan yang tidak semestinya. Saran yang ia berikan adalah mempersilakan Allah tetap membimbing kehidupan pribadi saya, tetapi menjauhkan referensi publik apa pun yang mengarah kepada-Nya dari kehidupan bisnis. Sarannya terdengar masuk akal dari perspektif bisnis yang kaku. Ia telah melaksanakan pekerjaannya sebagai seorang konsultan bisnis, menonjolkan ketakutan utama saya akan kegagalan, kritik, dan ketidakcakapan. Saran yang diberikannya memberi saya suatu jalan keluar yang mudah.

Bagaimanapun juga, Allah tidak menghendaki kita mengambil jalan keluar yang mudah. Dia menghendaki agar kita menghadapi ketakutan-ketakutan kita, percaya kepada-Nya, dan menggunakan pekerjaan kita untuk memuliakan-Nya. Kita tidak dipanggil untuk hidup dengan kenyamanan tetapi untuk hidup dengan keberanian dan keyakinan akan Dia. Dalam kasus ini, Firman Allah adalah satu-satunya konsultan bisnis yang kita butuhkan. Firman-Nyalah yang membimbing kita menuju kepercayaan dan pemenuhan. Firman-Nya seharusnya membingkai semua harapan, impian, dan visi kita. Tanpa memercayai Firman-Nya, ketakutan akan menguasai diri kita, dan kita semua akan tersingkir. Saya benci memikirkan ke manakah perusahaan kami atau saya akan berada hari ini jika saya tidak memandang ke depan dan memasrahkan kepada-Nya keberanian untuk menghadapi ketakutan-ketakutan saya dan mencari visi-Nya.

TATAPLAH KE DEPAN

Tidak pernah ada seorang pewarta visi seperti Yesus Kristus. Visi-Nya melampaui tempaan waktu dan terus memberikan inspirasi tanpa batas. Visi Kerajaan-Nya terus mendorong orang-orang yang mengasihi dan percaya kepada-Nya untuk menatap ke depan pada imbalan abadi dari-Nya: "Sebab Anak Manusia akan datang dalam kemuliaan Bapa-Nya diiringi malaikat-malaikat-Nya; pada waktu itu Ia akan membalas setiap orang menurut perbuatannya" (Mat. 16:27). Sering kali, mencari visi-Nya menuntut kita untuk menghadapi tantangan, melupakan imbalan seketika, dan, karena iman, menatap ke depan. Kita perlu menggunakan hati ketika tantangan-tantangannya tinggi dan menatap ke depan dengan keberanian. Bagi orang-orang yang mencari visi-Nya, janji akan berkat berlaku.

Ucapan Bahagia, yang ditemukan dalam pasal kelima Injil Matius, menawarkan suatu kerangka kerja yang brilian dalam hal untuk membangun pemikiran kita tentang memiliki keberanian untuk hidup menurut—dan untuk mengatur bisnis—jalan yang diarahkan Kristus:

"Berbahagialah orang yang miskin di hadapan Allah, karena merekalah yang empunya Kerajaan Sorga" (Mat. 5:3). Jadikanlah Allah bosnya. Kita harus menjadi miskin dalam roh kita sendiri untuk menjadi kaya

dalam Roh-Nya. Pasrahlah kepada Allah. Pandanglah ke depan, dalam kerendahan hati, pada upah abadi.

"Berbahagialah orang yang berdukacita, karena mereka akan dihibur" *(Mat. 5:4).* Berdukacitalah pada kemerosotan karena dosa. Ketika kita mengakui dosa-dosa kita, Dia mengampuni kita. Jangan kalah oleh dosa maupun kemunduran pribadi. Tunjukkan empati dan bela rasa. Carilah kenyamanan yang diberkati.

"Berbahagialah orang yang lemah lembut, karena mereka akan memiliki bumi" *(Mat. 5:5).* Rendahkanlah diri Anda di hadapan Allah. Orang yang rendah hati akan menerima kekuatan Allah dan dapat menatap ke depan, dengan keyakinan, pada berkat kemuliaan dalam Kerajaan Allah.

"Berbahagialah orang yang lapar dan haus akan kebenaran, karena mereka akan dipuaskan" *(Mat. 5:6).* Berpusatlah kepada Allah dan bersandarlah pada kebenaran-Nya untuk terus melakukan hal baik. Dengan penuh semangat, kejarlah visi Allah. Tataplah ke depan pada suatu kehidupan yang penuh berkat.

"Berbahagialah orang yang murah hatinya, karena mereka akan beroleh kemurahan" *(Mat. 5:7).* Perhatikanlah orang lain. Bersedialah mengampuni seperti kita telah mendapatkan pengampunan. Penuhilah kebutuhan orang lain dengan murah hati. Carilah anugerah akan perhatian atas diri kita sendiri.

"Berbahagialah orang yang suci hatinya, karena mereka akan melihat Allah" *(Mat. 5:8).* Jadilah semakin menyerupai Kristus. Orang lain akan melihat Kristus dalam diri kita ketika kita memiliki hati yang murni. Carilah anugerah untuk bertemu muka dengan Dia.

"Berbahagialah orang yang membawa damai, karena mereka akan disebut anak-anak Allah" *(Mat. 5:9).* Jadilah suatu pengaruh yang positif. Tawarkan pengampunan di atas balas jasa. Angkatlah tanpa kenal lelah kebenaran dan kedamaian-Nya. Lewat doa, selesaikanlah per-

tentangan, dan dengan yakin hadapilah konfrontasi. Carilah anugerah karena Anda adalah anak-anak Allah.

"Berbahagialah orang yang dianiaya oleh sebab kebenaran, karena merekalah yang empunya Kerajaan Sorga" (Mat. 5:10). Tanpa memedulikan situasi yang ada, kejarlah visi Allah. Berfokuslah melampaui tantangan dan apa yang orang lain katakan tentang iman anda. Carilah selalu kebenaran-Nya. Pandanglah ke depan pada anugerah upah abadi.

"Berbahagialah kamu, jika karena Aku kamu dicela dan dianiaya dan kepadamu difitnahkan segala yang jahat. Bersukacita dan bergembiralah, karena upahmu besar di sorga" (Mat. 5:11-12a). Ketika rintangan menghadang langkah dan orang-orang berusaha membelokkan kesaksian Anda, kumpulkan keberanian, bangkitlah, dan, dengan kegembiraan yang luar biasa, pandanglah ke depan pada berkat dan upah yang mengagumkan yang menanti mereka yang mencari Kerajaan-Nya.

AMBIL TINDAKAN

Beberapa waktu yang lalu, saya pernah mendapatkan kesempatan untuk menjadi pemandu sebuah acara radio selama delapan minggu guna memberi inspirasi kepada para pendengar dengan pesan mengenai SHINE. Respons awal saya adalah, "Anda gila? Saya tidak tahu apa pun tentang radio. Saya tidak mungkin dapat melakukannya." Kemudian pikiran saya mengenang tahun-tahun yang terlupakan di masa lalu saya—kembali pada waktu keberanian menyisihkan batasan pribadi. Hal ini sungguh mengentak saya. Saya memiliki ijazah dalam bidang jurnalisme penyiaran. Siapa yang sedang saya bodohi? Jika saya dapat berbicara tentang olahraga di televisi pada usia 20 tahun, saya tentu bisa membicarakan prinsip-prinsip Allah lewat radio ketika usia saya sudah 40 tahun. Berbicara kepada kelompok dan merekam acara-

acara radio benar-benar mengembangkan *salesman* traktor ini melampaui zona nyaman saya. Tentu, saya telah mendapatkan peneguhan yang luar biasa di dalam-Nya. Dia selalu memberikan keberanian yang dibutuhkan untuk terus-menerus mencari visi-Nya menyisihkan kebingungan dan keraguan saya. "Segala perkara dapat kutanggung di dalam Dia yang memberi kekuatan kepadaku" (Flp. 4:13).

Apa pun yang kita kerjakan dalam pekerjaan dan hidup kita, visi-Nya mendorong kita untuk mengambil tindakan sekalipun kita takut atau merasa tidak mampu. Tanpa memedulikan tugas yang kita emban, milikilah keberanian untuk memberikan segala yang Anda miliki. Bersikaplah terbuka pada jalan yang baru ditunjukkan oleh visi Allah kepada Anda. Jalan itu bisa jadi terjal, dan sering kali membuat kita berjalan tertatih-tatih. Mencari visi-Nya sering kali membuat kita menyerah. Beranilah dan janganlah melupakan bahwa apa yang diinginkan-Nya bagi kita adalah benar:

- Bersujudlah, kita menegaskan bahwa kita tidak dapat melakukannya sendiri.
- Bersujudlah, kekuatan ditemukan untuk menghadapi ketakutan kita.
- Bersujudlah, kita mulai melihat berkat di hadapan kita.
- Bersujudlah, kita menemukan kekuatan untuk bangkit dan bertindak guna menjalani dengan bersemangat visi kesempurnaan-Nya.

Catatan akhir

1. Jim Collins dan Jerry Porras, *Built to Last* (New York: Harper Collins, 1994), XV.
2. *Ibid*, 187.
3. Eleanor Roosevelt, www.quatationspage.com (diakses 15 November 2007).

BAB 12

Bersinar dengan Semangat

TEGUHKANLAH KEMAMPUAN ANDA

... tetapi ini yang kulakukan:
aku melupakan apa yang telah di belakangku
dan mengarahkan diri kepada apa yang di hadapanku,
dan berlari-lari kepada tujuan untuk memperoleh hadiah,
yaitu panggilan sorgawi dari Allah dalam Kristus Yesus.

(Flp. 3:13–14)

Keluarga saya baru saja menempati rumah baru yang kami bangun. Proses terus mengalir, terutama pada istri saya, dan itu penuh dengan kerumitan, yang meliputi tiga guncangan luar biasa di antara kemunduran yang tak terhitung. Stres tingkat tinggi dialami oleh istri saya maupun diri saya. Saya kembali ke rumah dari perjalanan kerja dengan tuntutan tertentu dan mencari waktu untuk bersantai di rumah baru itu. Ketika saya melangkah melewati pintu rumah, istri saya menemui saya dengan peringatan bahwa, sebagai kepala rumah tangga, saya memiliki tanggung jawab untuk menentukan tingkat disiplin bagi keluarga kami. Ia menunjukkan dengan cukup jelas bahwa apa yang saya tunjukkan untuk peranan itu masih kurang dan bahwa penentuan waktunya sempurna bagi saya untuk kembali pada posisinya. Saya mendapat penjelasan singkat mengenai protes dari anak-anak kami yang baru saja terjadi dan menunjuk ke arah kamar tidur di lantai atas di mana mereka tengah menanti dengan cemas untuk bertemu dengan saya.

Malam itu, saya duduk sendirian dan merasa begitu lelah, dengan beratnya beban tanggung jawab yang meliputi diri saya. Selain orang-tua, istri, anak, dan teman—semua prioritas yang saya yakini seharus-nya berada di posisi teratas daripada pekerjaan—saya adalah seorang CEO dari sebuah bisnis yang tengah berkembang, seorang ketua dari asosiasi para *dealer* kami maupun dewan keuangan gereja saya. Saya adalah anggota dewan penasihat pelayanan lokal. Di tengah-tengah itu semua, Allah telah menempatkannya dalam hati saya untuk menulis-kan naskah ini agar dibagikan kepada orang lain. Dengan begitu banyak tanggung jawab yang menjadi tuntutan bagi saya, jelas saya tengah gagal dalam usaha saya memiliki "kehidupan yang seimbang". Dengan daya upaya saya yang seolah-olah menenggelamkan semua bagian, saya memohon kepada Allah untuk berkenan memberikan kemampuan keseimbangan yang lebih besar dalam kehidupan saya.

Yang terjadi kemudian adalah bahwa Dia mengusap saya dengan kebenaran-Nya yang mahabenar: Keseimbangan tidak mengantar pada kebajikan. Keseimbangan hanya menghasilkan keadaan yang setengah-setengah. Keseimbangan tidak menyulut api semangat. Namun, kese-imbangan menghabiskan semua energi kita. Kita tidak dipanggil untuk suatu kehidupan yang seimbang, tetapi untuk kehidupan yang tidak seimbang dan radikal—yang secara utuh dan penuh kasih dipersem-bahkan kepada-Nya. Dialah semangat kita.

Semua "hal-hal baik" yang berusaha saya lakukan adalah mencoba mengarahkan semangat saya kepada-Nya. Ketika kita mengasihi-Nya dengan semua yang ada pada kita—dengan hati, jiwa, pikiran, dan kekuatan—hasilnya adalah semangat: "Apa yang tidak pernah dilihat oleh mata, dan tidak pernah didengar oleh telinga, dan yang tidak pernah timbul di dalam hati manusia: semua yang disediakan Allah untuk mereka yang mengasihi Dia. Karena kepada kita Allah telah menyatakannya oleh Roh ... " (1 Kor. 2:9–10). Malam itu, Allah dengan jelas menyatakan bahwa saya semestinya tumbuh dan berkembang dalam semangat saya kepada-Nya, melebihi semua prioritas yang lain. Ketika hubungan saya dengan-Nya menjadi prioritas utama saya, semangat-Nya akah kebajikan mengalir di dalam diri saya dan, pada waktunya, membantu memberi kekuatan dan menentukan prioritas atas semua bidang tanggung jawab dalam kehidupan saya.

SEMANGAT MEMUNCULKAN KEKUATAN

Dari banyak kualitas yang lain, semangat adalah salah satu hal yang paling kuat. Semangat yang diberikan Allah menginspirasi kehidupan yang bermakna yang meninggalkan warisan. Semangat kitalah yang menentukan, lebih dari hal apa pun, ke mana kita pergi, bagaimana kita melakukan sesuatu, dan apa yang kita raih. Jika Anda benar-benar ingin berkembang dalam bidang tertentu, kembangkan tingkat semangat Anda dalam hal itu. Untuk mencapai potensi Anda sepenuhnya, pusatkanlah perhatian Anda pada bidang kecakapan Anda, miliki keberanian untuk mengambil tindakan guna menyisihkan berbagai hambatan, dan berusaha untuk terus berkembang dengan penuh semangat mengejar visi kebajikan. Mengenai semangat, John Maxwell menuliskan, "Para ahli menghabiskan banyak waktu untuk memecahkan apa yang menjadikan manusia berhasil. Mereka sering kali melihat asal-usul, kepandaian, pendidikan, dan faktor-faktor lainnya yang dimiliki manusia. Namun, lebih dari apa pun, semangat membuat perbedaan."[1]

Seberapa bersemangatkah Anda dalam menghadapi hidup dan pekerjaan? Apakah Anda penuh semangat, atau tampungan semangat anda kering? Kabar baiknya adalah bahwa sumber semangat selalu tersedia untuk memenuhi Anda kapan saja.

> *Mintalah, maka akan diberikan kepadamu; carilah, maka kamu akan mendapat; ketoklah, maka pintu akan dibukakan bagimu. Karena setiap orang yang meminta, menerima dan setiap orang yang mencari, mendapat dan setiap orang yang mengetok, baginya pintu dibukakan (Luk. 11:9–10).*

Semangat dikuatkan oleh komponen-komponen kunci berikut:

- kehendak (meminta)
- disiplin (mencari)
- ketetapan hati (mengetuk)

KEHENDAK DAN DISIPLIN MENYALAKAN SEMANGAT

Kehendak menggerakkan semangat. Besarnya keinginan kita atas suatu hal umumnya menentukan kuatnya niat kita untuk mengusahakannya. Semakin besar kehendak, semakin besar api semangat menyala dalam diri kita. Kehendak menciptakan kekuatan niat untuk mengejar visi kebajikan. Orang yang bersemangat secara terus-menerus menunjuk-kan kehendak yang tak pernah surut untuk tumbuh dan terus maju. Berorientasi pada perkembangan, pribadi yang penuh semangat terus-menerus berusaha menjadi lebih baik di esok hari daripada hari ini, menjadi lebih berkembang minggu depan daripada minggu ini, dan menjadi lebih kuat tahun berikutnya daripada saat ini. Kita semua telah dianugerahi dengan potensi yang tak terhingga dan kemampuan untuk terus berkembang. Perkembangan adalah suatu proses harian yang terus meningkat seiring waktu membangun semangat pada kehendak kita. Kita perlu mencari Allah sebagai kekuatan yang menggerakkan di belakang kehendak dan semangat kita: "... bertumbuhlah dalam kasih karunia dan dalam pengenalan akan Tuhan dan Juruselamat kita ..." (2 Ptr. 3:18). Tidak peduli apa bakat kita, kita tidak akan pernah mencapai potensi kita sepenuhnya tanpa menerapkan disiplin diri secara terus-menerus. Ini membutuhkan kemantapan dan disiplin untuk mengejar visi Allah dan berkembang secara terus-menerus.

Salah satu elemen kunci dari perusahaan papan atas, sebagaimana dipaparkan dalam buku Jim Collins *Good to Great*, adalah bahwa setiap perusahaan besar telah menciptakan suatu budaya disiplin yang unik, yang secara efektif menggerakkan organisasi menuju perkembangan yang terus-menerus dan mempertahankan keberhasilan. Collins menuliskan, "Suatu budaya disiplin tidak hanya mengenai masalah tindakan semata. Ini adalah soal mendapatkan orang-orang yang berdisiplin, yang berpegang pada pikiran yang disiplin, dan yang kemudian mengambil tindakan disiplin."[2] Semangat tidak ditemukan dalam orang-orang yang sibuk dan kegiatan yang tak terkekang tetapi dalam disiplin untuk melakukan beberapa hal dengan semangat dan berpusat pada kebajikan. Disiplin ditemukan dalam usaha untuk melakukan pekerjaan-pekerjaan baik, dan dalam nama Yesus, bahwa Allah telah mempersiapkan bagi kita untuk menjalankannya: "Sebab Allah memberikan kepada kita bukan roh ketakutan, melainkan roh yang membangkitkan kekuatan, kasih dan ketertiban." (2Tim. 1:7).

KETETAPAN HATI MEMENUHI SEMANGAT

Ketetapan hati adalah keteguhan akan tujuan, kehendak, dan niat. Ini diperlukan untuk menyelesaikan suatu lintasan, melengkapi suatu tugas, dan untuk berkembang secara terus-menerus. Visi kebajikan yang berpusat pada perkembangan akan selalu menuntut usaha heroik dan ketetapan hati patuh. "Tidak tahukah kamu, bahwa dalam gelanggang pertandingan semua peserta turut berlari, tetapi bahwa hanya satu orang saja yang mendapat hadiah? Karena itu larilah begitu rupa, sehingga kamu memperolehnya!" (1 Kor. 9:24). Ketetapan hati memungkinkan kita mengatasi rintangan apa pun yang menghalangi langkah kita. Kenyataannya, ketetapan hati mengalihkan rintangan dari alasan-alasan yang menahan kita, menjadi motivasi yang menginspirasi semangat dan mendorong kita menuju potensi yang seutuhnya. Tetaplah berteguh hati untuk terus meminta, mencari, mengetuk, dan memuliakan Allah dalam segala seuatu yang Anda lakukan.

Ambilah kesempatan untuk merasakan semangat yang teguh yang diungkapkan Rasul Paulus dalam suratnya kepada jemaat di Filipi 3: 13-14: " ... *tetapi ini yang kulakukan: aku melupakan apa yang telah di belakangku dan mengarahkan diri kepada apa yang di hadapanku, dan berlari-lari kepada tujuan untuk memperoleh hadiah, yaitu panggilan sorgawi dari Allah dalam Kristus Yesus.*"

Paulus menuliskan pesan ini dari penjara, tidak lama menjelang ajalnya. Tanpa menghiraukan keadaan sekeliling yang dihadapinya dan semua pencapaian dalam karya hidupnya—ia memilih untuk tidak melihat ke belakang, tetapi menatap ke depan untuk kemuliaan abadi. Paulus mengetahui bahwa ia masih dapat menjadi lebih baik. Ia masih belum puas untuk tumbuh dan berkembang. Ia terus mengejar potensi sepenuhnya dengan penuh semangat dalam Kristus Yesus.

- Paulus memaparkan *kecakapan dan kehendak* sebagaimana ia memusatkan diri pada hal terbaik yang dilakukannya: "Tetapi ini yang aku lakukan" (Flp. 3:13b).

- Paulus menjadi contoh *keberanian dan disiplin* untuk menatap ke depan, tanpa memedulikan situasi yang dihadapi: :"Aku melupakan apa yang telah di belakangku dan mengarahkan diri kepada apa yang di hadapanku" (Flp. 3:13c).

- Paulus menunjukkan bahwa *semangat dan keteguhan hati* bersifat tetap: "Dan berlari-lari kepada tujuan untuk memperoleh hadiah" (Flp. 3:14a).
- Paulus dengan penuh semangat memberikan penekanan pada mengejar visi Allah akan kebajikan: "yaitu panggilan sorgawi dari Allah dalam Kristus Yesus" (Flp. 3:14b).

Semangat yang Allah sediakan sifatnya menyebar. Seperti Paulus, ketika kita dipenuhi semangat Allah, ini tidak hanya memenuhi kita tetapi mengalir sebagai suatu inspirasi bagi orang lain. Semangat mengangkat kita melampaui ketakutan kekurangcakapan kita. Semangat menjadikan kita bangkit dari kejatuhan dalam hidup. Semangat menginspirasi kita untuk melakukan banyak hal di dalam Dia, yang sulit kita bayangkan apabila kita melakukannya sendiri.

SEMANGAT MENGUATKAN KEMAMPUAN

Tiada keraguan, ketika pekerjaan kita memuliakan Allah, Dia menyediakan lebih dari sekadar cukup semangat bagi kita untuk mencapai potensi kita sepenuhnya. Semangat yang diberikan Allah membentang melampaui semangat dan kekuatan kita sendiri, menginspirasi kita untuk menanggung pengorbanan sementara yang mungkin dituntut oleh visi-Nya. Ambilah visi SHINE, sebagai contoh. Pertama-tama, Allah menggunakannya untuk menginspirasi saya melangkah melewati zona kenyamanan saya. Kemudian, Dia menggunakannya untuk memberikan pengaruh pada perusahaan kami. Sebagaimana visi ini menjaga organisasi kami agar terus tumbuh dan berkembang, kesempatan-kesempatan menyebarkan pesan ini terus bertambah dan mengambil lebih banyak waktu dan daya upaya saya.

Salah satu contohnya adalah The Jobs Partnership of Florida (TJP). Pelayanan ini terfokus untuk mengurangi kemiskinan di wilayah Florida tengah dengan mengajar para pekerja yang memiliki standar kerja rendah dan mereka yang tidak memiliki kecakapan kerja tentang prinsip-prinsip Allah dalam pekerjaan dan kemudian menempatkan mereka untuk bekerja pada bisnis lokal yang memberikan harapan dan masa depan. Direktur eksekutif TJP, Marc, mendengar tentang visi SHINE dari salah seorang karyawan kami. Marc merasa program SHINE benar-benar hal yang dibutuhkan TJP untuk membantu pelayanan bisnis dalam komunitas kami. Masalahnya adalah, belum ada program tertulis untuk digunakan, hanya ada beberapa prinsip yang telah Allah tempatkan dalam hati saya untuk dibagikan dalam perusahaan saya sendiri. Jujur, saya tidak memiliki waktu, talenta, atau pengetahuan untuk memberikan pelatihan kepada orang lain. Akan tetapi, Marc tidak memerlukan jawaban apa pun. Ketika saya memberitahukan kepadanya bahwa saya tidak cakap untuk menuliskan apa pun di luar *sales invoice*, ia menjawab, "Kris, apabila Anda dapat melakukannya karena diri Anda sendiri, lantas Allah tidak akan dibutuhkan, bukan? Allah telah memberikan kepada Anda sebuah pesan. Semua yang Dia minta dari Anda adalah ketaatan dan semangat Anda untuk mengejar kehendak-Nya. Dia akan mengurus sisanya."

Dengan demikian—dengan mengesampingkan tanggung jawab saya yang lain—Allah telah mengobarkan semangat saya guna memberikan program pelatihan yang mengantar saya untuk menuliskan buku ini dan yang dengan terus-menerus menginspirasi saya guna mencari kehendak-Nya. Tentu saja, ini bukanlah semata-mata maksud saya—tetapi dengan semangat dari Allah—di mana seorang penjual penyalur peralatan seperti saya diberi inspirasi dan dibekali untuk menjadi seorang pengarang. Setiap langkah menuntut untuk melihat ke depan, menghadapi ketakutan, dan mengejar semangat-Nya untuk bertumbuh, berkembang, dan terus maju.

Adakalanya, kita semua dapat merasa dijejali dengan pekerjaan dan tanggung jawab. Di waktu lain, kita masih merasa sulit untuk mengumpulkan semangat kerja kita. Dalam kasus yang sama, ketika semangat kita mengendur, kita sebaiknya berhenti, beristirahat, dan dalam ketenangan batin, pikiran, dan tubuh memusatkan dengan hati, jiwa, pikiran, dan kekuatan pada mengasihi Dia dan dipenuhi oleh-Nya. Ketika semangat kita bagi-Nya bergaung dengan jelas, berbagai tantangan kehidupan dan pekerjaan tidaklah memberatkan dan menguasai diri kita. Di dalam Dia, pekerjaan apa pun dapat menjadi berarti dan menguatkan ketika dilakukan demi kemuliaan-Nya. Semangat Allah melepaskan kita dari beban kelemahan dan kekosongan kita sendiri, memberi kita inspirasi dan kekuatan dengan kuasa kepenuhan-Nya. Ketika kita memusatkan diri untuk mengasihi-Nya, Dia meninggikan kemampuan kita pada tingkatan yang baru, menyeimbangkan hidup kita sebagaimana yang dipandang-Nya sesuai, dan menyejajarkan prioritas-prioritas kita dengan Dia. Semangat Allah mengalir dengan segala hal yang kita butuhkan.

Visi kebajikan sangatlah penting bagi kita untuk mencapai kemampuan kita seutuhnya dalam pekerjaan dan kehidupan. Semakin besar semangat kita, semakin berhargalah pekerjaan dan hidup kita. Semangat yang berpusat pada Allah menginspirasi orang biasa untuk mencapai hal-hal yang luar biasa sekaligus menyediakan kesempatan untuk bertumbuh, berkembang, dan digunakan oleh-Nya.

Catatan akhir

1. John Maxwell, *The 21 Indispensable Qualities of A Leader* (Nashville, TN: Thomas Nelson, 1999), 83.
2. Jim Collins, *Good to Great* (New York, NY: Harper Collins, 2001), 142.

Visi Saya akan Kebajikan

RINGKASAN

Prinsip Tiga: Izinkan Pertumbuhan Berkesinambungan

Salah satu kunci untuk bersinar melampaui hal-hal penting adalah mencari visi untuk pekerjaan kita yang mengantar pada perkembangan yang berkesinambungan. Pernyataan visi perusahaan Vermeer Southesast adalah "bersinar dengan kebajikan". Mengusahakan visi kebajikan membuahkan momentum yang luar biasa, seperti halnya perusahaan kita berjuang menjadi suatu organisasi yang terkenal untuk pelayanan dan kebajikan. Bahkan saat kita sering kali jarang mengecewakan misi ini, pikiran akan kebajikan memungkinkan kita untuk tetap berpusat pada masa depan yang dikehendaki dan menggerakkan kita menuju visi tentang akan jadi apakah kita di kemudian hari. Kebajikan dinyatakan pada titik di mana kecakapan, keberanian, dan semangat saling bertemu.

Penerapan

1. Apakah ketakutan atau hambatan terbesar yang menghambat perkembangan diri Anda?

2. Bagaimanakah Anda dapat mengatasi hambatan-hambatan ter-sebut?

3. Apakah yang dapat Anda kerjakan di tempat kerja Anda untuk menjadi contoh kualitas pribadi berikut?

   a. kecakapan

   b. keberanian

   c. semangat

4. Apakah visi Allah untuk pekerjaan Anda?

Renungkanlah:

Apakah visi kebajikan Anda?

PERNYATAAN NILAI INTI

Pikiran yang penuh kebajikan mencari visi Allah.

NILAI SEBAGAI ACUAN

*Setiap orang yang mendengar perkataan-Ku ini
dan melakukannya, ia sama dengan orang yang bijaksana,
yang mendirikan rumahnya di atas batu.
Kemudian turunlah hujan dan datanglah banjir,
lalu angin melanda rumah itu, tetapi rumah itu tidak rubuh
sebab didirikan di atas batu.*

(Mat. 7:24-25)

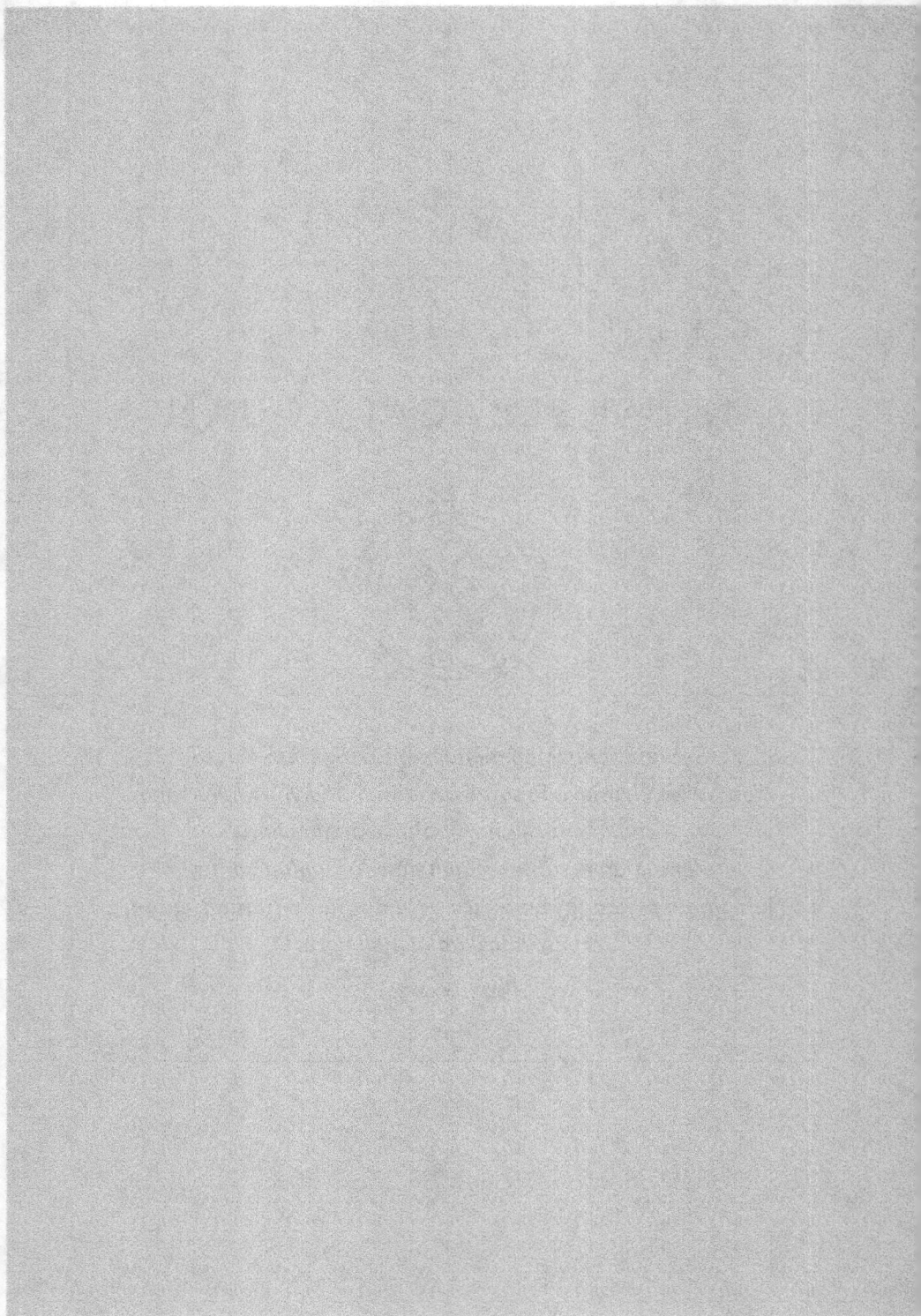

BAB 13

Nyalakan Api
Semangat Integritas

KEKUATAN INTEGRITAS TERUS BERTAMBAH
PADA NILAI-NILAI YANG ARIF

Ketulusan dan kejujuran kiranya mengawal aku,
sebab aku menanti-nantikan Engkau.
(Mzm. 25:21)

Waktu itu adalah saat makan siang, dan anak-anak saya merasa kecewa. Jika waktu itu adalah hari Sabtu atau Senin, atau apalagi tanggal empat bulan Juli, mereka tentu saja akan gembira. Namun, saat itu adalah hari Minggu, dan Kedai Chick-Fil-A gelap dan kosong. Memang bukan hanya anak-anak saya yang kecewa sore itu di kedai makanan yang berada di mal itu. "Saya tidak mendapatkannya. Betapa bodohnya ini." Saya mendengar seorang istri mengeluh kepada suaminya. "Mengapa mereka harus tutup hari ini? Ini tidak lagi seperti saat kita di tahun 50-an. Selain itu, seharusnya mereka bisa menghasilkan lebih banyak uang lagi jika tetap buka pada hari Minggu."

Dari perspektif bisnis yang lumrah, jelaslah bahwa Chick-Fil-A kehilangan pemasukan yang cukup berarti setiap hari Minggu. Bagaimanapun, hari Minggu umumnya merupakan salah satu hari yang paling menguntungkan dalam industri pelayanan makanan. Namun, ada alasan yang cukup bagus bahwa Anda tidak akan menemukan restoran Chick-Fil-A mana pun buka pada hari Minggu. Pendiri perusahaan Truett Cathy menentukan pilihan ini bertahun-tahun yang lalu berdasarkan nilai-nilai yang diyakininya:

> *Keputusan kami untuk tutup pada hari Minggu adalah cara kami menghormati Allah dan mengarahkan perhatian kami pada hal-hal yang lebih penting daripada bisnis kami. Apabila ini adalah persoalan mencari uang selama tujuh hari dalam seminggu dengan usaha restoran, kami perlu berada dalam jalur pekerjaan yang berbeda. Selama bertahun-tahun, saya tidak pernah mengubah keputusan itu.*[1]

Tidak memedulikan berbagai alasan duniawi untuk membuka kedai pada hari Minggu, Chick-Fil-A menghormati integritas dari pendirinya dengan menghidupkan nilai-nilai yang menjadi dasar perusahaan. Untuk Chick-Fil-A, Cathy mengatakan, "Apa yang penting dalam bisnis ini bukanlah seberapa banyak uang yang kami hasilkan atau seberapa banyak ayam yang kami jual. Yang penting adalah perbedaan yang kami buat dalam kehidupan orang lain."[2]

KEKUATAN INTEGRITAS

Ketika pekerjaan Anda memuliakan Allah saat Anda melayani-Nya dengan segenap hati, jiwa, pikiran, dan kekuatan yang Anda miliki—dan Kristus bersinar dalam diri Anda—orang lain akan melihatnya. Banyak orang akan menjadi terkesan. Namun, jangan salah. Sering kali orang yang memperhatikan tidak akan memberikan pujian kepada Anda. Beberapa akan menyebut Anda picik, konyol, atau bodoh. Sebagian lagi akan marah karena Anda tidak mau berkompromi dengan nilai-nilai Anda untuk memberikan mereka keuntungan. Janganlah terkejut dengan ketidakramahan ini. Alkitab mengantisipasi reaksi negatif yang bisa saja muncul karena pilihan Anda untuk memuliakan Kristus: "Berbahagialah kamu, jika karena Anak Manusia orang membenci kamu, dan jika mereka mengucilkan kamu, dan mencela kamu serta menolak namamu sebagai sesuatu yang jahat" (Luk. 6:22).

Jika integritas merupakan hal yang mudah dan selalu memiliki hasil positif, lebih banyak orang dan bisnis akan mempraktikkannya. Namun, mempraktikkan integritas bukanlah persoalan mencapai keberhasilan atau memperoleh pujian banyak orang. Ini adalah masalah mematuhi perintah Allah, mengakui kebaikan-Nya, dan berjalan bersama Dia. Ketika kita memusatkan energi kita untuk melayani orang lain, untuk memuliakan Allah, dan untuk berkembang secara terus-menerus, momentum yang luar biasa dihasilkan. Momentum mendukung performa dan meningkatkan kesempatan. Hal ini akan menjadikan keseluruhan perusahaan merasa tidak dapat dihentikan. Jika ditinggalkan tanpa diarahkan, bagaimanapun, momentum dapat dengan cepat menjadikan seorang pribadi atau suatu perusahaan salah arah. Menentukan arah sesuai nilai-nilai membantu menempatkan momentum pada arah yang tepat. Nilai-nilai menyediakan jalur pelindung yang menjaga momentum tetap pada jalur yang benar, jalur integritas.

Menentukan arah sesuai nilai-nilai:

- Menata apa yang kita lakukan dengan siapakah diri kita, dan menyatukan performa kita dengan karakter yang kita miliki.
- Menyelaraskan apa yang kita katakan dengan apa yang kita lakukan, dan menghubungkan keyakinan kita dengan perilaku-perilaku kita.

Menjelajahi nilai-nilai membantu kita memiliki integritas, bukannya menjadi munafik. Memiliki integritas—menjadi diri kita sendiri—adalah tentang kesejatian dan keaslian. Suatu lukisan, contohnya, dikatakan memiliki integritas apabila lukisan itu terbukti hasil kreasi autentik dari seniman yang melukisnya. Seutas tali memiliki integritas apabila tali itu dapat memenuhi tujuannya menahan beban dengan berat tertentu. Orang dikatakan memiliki integritas ketika mereka mempraktikkan apa yang mereka khotbahkan. Tentu saja, integritas lebih dari sekadar itu.

Integritas didasarkan pada kebenaran, kehormatan, dan hal dapat dipercaya. Integritas adalah keseluruhan, keutuhan, dan ketaatan yang teguh pada tingkat tertinggi dari semua ukuran: karakter Kristus. Pribadi yang memiliki integritas dapat dipertanggungjawabkan sepanjang waktu.

Orang yang hidup dalam kebenaran, yang berbicara dengan jujur, yang menolak untung hasil pemerasan, yang mengebaskan tangannya, supaya jangan menerima suap, yang menutup telinganya, supaya jangan mendengarkan rencana penumpahan darah, yang menutup matanya, supaya jangan melihat kejahatan, dialah seperti orang yang tinggal aman di tempat-tempat tinggi ... (Yes. 33:15–16).

NILAI INTEGRITAS

Takut bahwa mereka tidak pernah mencapai harapan tinggi yang menjadi tuntutan integritas, beberapa pribadi tidak menyukai gagasan integritas. Namun, integritas bukanlah kesempurnaan. Kenyataannya, hanya ada satu pribadi, Yesus Kristus, yang hidup sempurna dan sepenuhnya benar. Karena Yesuslah, orang yang memilki integritas tidak harus menjadi sempurna. Mereka secara sederhana perlu untuk percaya dan mengikuti-Nya. Seorang pribadi yang memiliki integritas memahami ketidakmungkinan untuk hidup sempurna. Ketidaksempurnaan kita pada akhirnya adalah alasan Yesus mati bagi kita. Dia menebus segala dosa dan kelemahan kita. Karena Dialah, kita tidak perlu mengedepankan kebenaran semata-mata untuk memperoleh pengaku-an dari orang lain. Sebaliknya, ketika kita kacau, kita dapat dengan se-derhana mengakui kesalahan kita, mencari pengampunan, dan terus maju dalam keyakinan yang disediakan berkat karunia-Nya.

Satu tanda integritas yang paling jelas adalah ketika seseorang bersedia mengakui bahwa mereka telah melakukan sesuatu yang ke-liru. Alih-alih menyembunyikan atau menutupi suatu kesalahan, se-orang pribadi yang memiliki integritas akan mengakuinya sepenuh-nya. Jika kesalahan ini menuntut penyesalan, seorang yang memiliki integritas menyesalinya. Jika itu menuntut tindakan mengakui kesa-lahan, seorang pribadi yang memiliki integritas mengakui kesalahan itu. Jika seorang yang memiliki integritas cukup kuat untuk mengatasi kesalahan-kesalahan dengan mengakuinya di hadapan Allah dan se-sama. Allah berjanji untuk ada bagi mereka yang berjalan dengan inte-gritas: "Ia menyediakan pertolongan bagi orang yang jujur, menjadi perisai bagi orang yang tidak bercela lakunya" (Ams. 2:7). Kita semua melakukan kesalahan. Namun, tidak peduli masa lalu kita, kita tidak pernah terlambat untuk mencari pengampunan dan, lewat kekuatan hati yang memiliki penyesalan, untuk kembali ke jalan integritas. Ke-tika kita bersikap tulus dalam rasa sesal kita, Allah berjanji akan mem-berikan pengampunan dan menjadikan kita utuh lagi.

Penelitian menunjukkan bahwa kualitas karakter tingkat atas pada diri seorang bos yang dikehendaki para karyawannya adalah integritas. Dalam kajian yang disponsori oleh American Management Association, seribu lima ratus karyawan diberi pertanyaan mengenai nilai-nilai, ciri-ciri, atau karakteristik yang mereka dambakan dimiliki oleh atasan me-reka. Tanggapan yang paling banyak adalah integritas.[3] Secara bersa-maan, karakteristik penting yang dicari dari atasan dalam diri para karyawannya adalah juga integritas. Ketika memilih suatu perusahaan untuk melakukan bisnis bersama, orang mencari integritas. Berdasarkan peranan penting yang dimainkan integritas dalam tempat kerja, seseorang akan beranggapan bahwa korporasi Amerika akan melampaui celaan dalam hal etika dan moralitas. Kita semua tahu seberapa jauh hal ini dari realitas yang ada.

Dalam lingkungan bisnis yang penuh kompetisi, suatu pendekatan "apa pun berlaku" telah menjadi semakin lazim. Tekanan untuk meningkatkan penghasilan dan menambah keuntungan dalam semua hal telah menjadi sasaran dari banyak organisasi dan karyawan. Berkenaan dengan meningkatnya kecurangan akunting dan kurangnya integritas korporat, perusahaan-perusahaan Amerika menghabiskan lebih dari enam miliar dolar pada tahun 2005 untuk memenuhi tuntutan laporan keuangan Sarbanes-Oxley, demikian menurut penelitian AMR. Tuntutan ini diajukan untuk mengurangi kecurangan dalam laporan keuangan yang diminta. Menurut asosiasi petugas bagian etika, pada tahun 1992, keseluruhan jumlah petugas bagian etika di perusahaan-perusahaan Amerika Serikat adalah 16; pada 2005, jumlah itu telah mencapai lebih dari 1.200.[4] Wow! Coba bayangkan berapa banyak uang yang dapat dihemat dan betapa lebih efektifnya bisnis akan berjalan jika orang-orang bisnis secara sederhana dibimbing oleh Firman kebenaran dan menunjukkan integritas untuk berjalan di dalamnya.

KESATUAN INTEGRITAS

Sayangnya, kurangnya integritas profesional telah menjadi terlalu lazim dalam dunia usaha sekarang ini. Banyak orang yang ingin "memalsukan" kebenaran, "meminjam" dari perusahaan, "membuat izin-izin kecil" untuk mereka sendiri—tanpa ada perasaan bersalah sedikit pun. Hal ini muncul dari sikap "mereka berutang hal ini dariku," bukannya dari sikap "saya berutang memberikannya kepada mereka." Hal ini dapat menjadi sangat berbeda apabila para karyawan diminta mencermati kutipan John F. Kennedy yang terkenal dan membiarkannya mencerminkan pikiran dan tindakan mereka dalam pekerjaan: "Jangan tanya apa yang diberikan (perusahaan) kepada Anda; tanyalah apa yang dapat Anda berikan kepada (perusahaan) Anda."

Saya ingat seorang pria terhormat di gereja saya, yang saya hargai karena imannya yang teguh dan penuh belas kasih. Meskipun saya tidak mengenalnya dengan baik, ia tampaknya menjadi salah satu dari orang-orang yang dapat dikagumi orang lain karena integritasnya. Saya terkejut ketika salah seorang dari mantan karyawannya menggambarkan kurangnya etika kerja dari lelaki ini. Seiring berjalannya waktu, saya pun mendengar lebih banyak mengenai kecenderungannya untuk memotong anggaran, membohongi para pelanggan, dan memperlakukan karyawannya dengan buruk. Jelas, lelaki ini menempatkan integritasnya hanya dalam urusan gereja, tetapi mengompromikan integritasnya dalam pekerjaan. Seperti banyak karyawan lainnya, ia jelas meyakini bahwa ia dapat sesuka hatinya menyalakan dan mematikan integritasnya demi mengakomodasi situasi.

Kita sudah terbiasa menemukan seseorang yang mengklaim memiliki integritas dalam kehidupan pribadi mereka tetapi mengompromikan integritas mereka dalam pekerjaan agar bisa maju. Hal ini jelas: Jika Anda mengklaim memiliki integritas di rumah tetapi tidak mempunyainya dalam pekerjaan, Anda tidak memiliki integritas. Tidak ada istilah masih memiliki sedikit integritas. Integritas tidak dapat dibagi-bagi. Integritas sifatnya menyeluruh dan lengkap, atau integritas itu tidak ada. Anda bisa memiliki integritas atau Anda tidak memilikinya. Allah tidak membedakan kegiatan-kegiatan dalam hidup Anda. Dia memandang secara keseluruhan. Dia tidak menerapkan standar yang berbeda untuk bisnis dari hal lain yang dilakukan-Nya dalam hidup Anda. Integritas bersifat menyeluruh secara inklusif.

Orang yang jujur dipimpin oleh ketulusannya, tetapi pengkhianat dirusak oleh kecurangannya (Ams. 11:3).

MODEL INTEGRITAS

Allah telah mengirim contoh integritas yang ideal dalam Yesus Kristus, Putra-Nya. Kehidupan-Nya memberikan model yang sempurna untuk integritas sejati. Apa yang kita lakukan (perilaku kita) memang sangat penting. Namun, siapa diri kita (karakter kita) itu lebih penting. Hal yang paling penting adalah seperti siapa kita akan menjadi (menyerupai Kristus). Mengembangkan karakter menyerupai Kristus membangun integritas sekaligus menjadikan diri kita utuh dan lengkap.

Saya pernah mendengar kisah tentang seorang petani tua yang memiliki kegemaran memahat kayu untuk melewatkan waktu selama masa pensiunnya. Akhirnya, ia berkembang cukup ulung dan karya-karyanya mulai memenuhi pasaran daerah. Salah satu karya favoritnya adalah seekor elang dengan ukuran sebenarnya, yang ia pahat dari balok kayu ek yang besar. Orang-orang mengagumi detail dan keahlian yang dituntut untuk memahat sebuah *masterpiece* seperti itu. Ketika ditanya bagaimana ia menciptakan elang yang sangat indah dari sepotong kayu, ia memberikan tanggapan, "Itu mudah. Saya hanya menghilangkan semua bagian yang tidak menyerupai seekor elang."

Kekuatan integritas meningkat karena nilai-nilai kesalehan.

Hal ini sama persis dengan cara Allah mengembangkan karakter kita. Dia sudah tahu kita semestinya seperti apa. Ketika kita pasrah kepada Allah dan berusaha untuk mempersonifikasikan nilai-nilai-Nya, secara sengaja dan terampil Dia menyingkirkan segala sesuatu yang tidak menyerupai Yesus Kristus dari karakter kita. Melalui proses ini kita dibentuk untuk menyerupai Yesus. Kita adalah mahakarya Allah. Ketika Allah berkarya dalam diri kita, Dia membentuk karakter kita untuk menghormati dan memuliakan-Nya. Kita dapat menjadi yakin bahwa Allah bertindak dengan integritas karena Dia setia menepati janji-Nya untuk menuntaskan mahakarya hingga menjadi demikianlah hidup kita: "Akan hal ini aku yakin sepenuhnya, yaitu Ia, yang memulai pekerjaan yang baik di antara kamu, akan meneruskannya sampai pada akhirnya pada hari Kristus Yesus" (Flp. 1:6).

Ketika kita menjadi semakin menyerupai Kristus, perilaku kita menunjukkan nilai-nilai sejati Allah kita. Ketika kita percaya pada Allah dan menyediakan diri bagi-Nya untuk berkarya dalam diri kita, nilai-nilai integritas terbukti.

- Diatur dengan tuntutan nilai:
- *Kejelasan* untuk mengetahui apa yang kita yakini.
- *Keyakinan* untuk menyatakan keyakinan itu.
- *Kepercayaan* untuk menentukan pilihan yang tepat.

Perjalanan iman kita adalah suatu proses yang berkesinambungan untuk mengembangkan nilai-nilai yang diajarkan Kristus sementara kita menjadi semakin menyerupai Dia dan integritas-Nya bersinar melalui kita.

Catatan akhir

1. S. Truett Cathy, *Eat Mor Chikin: Inspire More People* (Decatur, GA: Looking Glass Books, 2002), 40.
2. *Ibid*, 168.
3. James M. Kouzes and Barry Z. Posner, *The Leadership Challenge* (San Frasisco: Josey-Bass, 1987), 16.
4. Greg Farrell and Jayne O'Donnell, "Money Section," *USA Today*, (16 November 2005).

BAB 14

Bersinar dengan Kejelasan

KENALILAH NILAI-NILAI ANDA

Karena sekarang kita melihat dalam cermin
suatu gambaran yang samar-samar,
tetapi nanti kita akan melihat muka dengan muka.
Sekarang aku hanya mengenal dengan tidak sempurna,
tetapi nanti aku akan mengenal dengan sempurna,
seperti aku sendiri dikenal.

(1 Kor. 13:12)

Pada waktu-waktu awal, ayah saya dan rekannya memberikan contoh untuk perusahaan kami. Keyakinan, semangat kewirausahaan, dan etos kerja yang kuat yang mereka miliki merupakan kunci lahirnya kegiatan penjualan peralatan yang berhasil. Gaya manajemen memberi arahan yang mereka lakukan membentuk parameter pada cara perusahaan kami seharusnya beroperasi. Saat perusahaan berkembang, gaya manajemen kewirausahaan mereka menjadi sulit untuk ditiru. Para karyawan yang bekerja di bagian pembiayaan memiliki hubungan yang terbatas dengan pemiliknya dan, dengan demikian, memperoleh pengarahan yang terbatas mengenai cara-cara untuk bekerja. Seiring waktu, perusahaan secara perlahan mengalami perubahan mendasar menjadi dua organisasi terpisah, di mana para pemilik memimpin, memiliki arah yang jelas dengan kepemimpinan yang konsisten, sementara lokasi-lokasi yang terpencil terombang-ambing karena ketidakpastian dan ketidakkonsistenan.

Ketika saya mengambil peran yang lebih aktif dalam mengelola perusahaan, sebagai salah satu tanggung jawab utama saya, saya harus menetapkan nilai-nilai korporasi yang jelas—yang memberikan ke-tentuan siapakah kami sebagai sebuah organisasi—dan memberikan panduan cara kami beroperasi. Kami tidak menciptakan nilai-nilai baru. Namun, kami memperjelas dan mengomunikasikan nilai-nilai yang sudah ada dalam perusahaan kami. Kami membangun di atas fondasi yang sudah diletakkan pada tempatnya. Memperjelas nilai-nilai menye-diakan kerangka kerja yang memungkinkan perusahaan kami untuk terus bertumbuh dan berkembang, sambil tetap menjaga integritas para pendiri perusahaan. Dengan menyatakan nilai-nilai kami, kami me-nentukan dengan jelas, harapan-harapan finansial, operasional, dan kode etik perusahaan kami. Kejelasan meneguhkan para karyawan dalam organisasi kami untuk melaksanakan tugas-tugas perorangan mereka sementara bekerja dalam batasan nilai dan cita-cita organisasi. Pada dasarnya, nilai-nilai itu menjadi penunjuk arah yang sejati bagi organi-sasi, dan memberikan kejelasan untuk menentukan arah melalui tantangan-tantangan kerja sehari-hari.

CARILAH KEJELASAN

"Saya tidak tahu."

Saat ini juga, cobalah mengatakan dengan keras: "Saya tidak tahu." Teruslah dan katakan lagi, "Saya tidak tahu." Pernyataan itu membuat Anda merasa bagaimana? Sulitkah bagi Anda untuk mengatakannya?

Saya tahu bahwa terlalu banyak orang mendapati hal ini sulit untuk dikatakan di hadapan banyak orang. Saya telah mengamati karyawan dan manajer yang tak terhitung jumlahnya yang mencoba untuk menutupinya—bahkan kadang kala berusaha berbuat seolah-olah mereka tahu, bukannya mengakui bahwa mereka tidak tahu. Saya yakin bahwa begitu banyak orang dengan rela menerima dan menghargai orang-orang yang mengakui bahwa mereka tidak mengetahui sesuatu tetapi memiliki komitmen untuk mengetahuinya. Tidak ada satu hal pun yang membuat saya secara pribadi frustrasi selain orang yang berpura-pura "mengetahui segala sesuatu". Kejelasan menjadi jelas tentang apa yang kita tahu dan yang kita tidak tahu. Mengakui apa yang kita tidak ketahui adalah langkah awal untuk menemukan kejelasan dan merupakan kunci untuk mengembangkan integritas. Kenyataannya, "Saya tidak tahu" menjadi salah satu pernyataan yang paling sering saya gunakan. Di mana saya pernah berpikir bahwa mengetahui segala sesuatu memberikan suatu aura yang penting, saya belajar bahwa "Saya tidak tahu" jauh lebih efektif.

Kenyataannya, tidak seorang pun dapat mengetahui segala sesuatu atau mengumpulkan semua informasi yang mungkin tersedia. Kita hidup dalam dunia yang bergerak cepat dan penuh ketidakpastian. Ketika kita menentukan arah melewati tantangan-tantangan kehidupan, kita akan terus-menerus menghadapi situasi yang tidak pernah kita jumpai sebelumnya. Dengan mengesampingkan ketidakjelasan, kita akan dipanggil untuk membuat berbagai keputusan dan bergerak maju dalam arah yang pasti. Konsekuensinya, ketidakjelasan dapat melumpuhkan kita jika kita membiarkannya menunda keputusan penting. Adakalanya kita harus melangkah ke luar di dalam iman dan membuat keputusan-keputusan dengan mengesampingkan hasil yang tidak tentu. Menentukan tindakan yang jelas dalam ketidakjelasan adalah elemen kunci untuk membangun kepemimpinan. Ketidakpastian dapat menjadi hambatan yang menghambat kita, tetapi hambatan dapat juga menjadi papan lontar yang meluncurkan kita ke depan.

Andy Stanley menuliskan, "Kapasitas Anda sebagai seorang pemimpin ditentukan oleh seberapa baiknya Anda berhadapan dengan ketidakpastian. Tidak peduli apa tipe organisasi tempat Anda bekerja, tanggung jawab kepemimpinan masa depan Anda ditunjukkan oleh kemampuan atau ketidakmampuan Anda dalam mengelola ketidakpastian."[1]

Di tengah-tengah ketidakpastian, kejelasan nilai-nilai dapat menjadi suatu wahana lahirnya keputusan-keputusan yang jelas. Mengetahui apa yang kita yakini dan memperjelas apa yang kita hargai memunculkan keyakinan untuk menentukan arah melewati ketidakpastian dalam hidup dan pekerjaan. Di atas semuanya, kita harus menyandarkan iman dan kepercayaan kita kepada Allah ketika kita mengusahakan kejelasan dan kebijaksanaan dari Roh Kudus-Nya: "Maka oleh karena itu hati kami senantiasa tabah ... sebab hidup kami ini adalah hidup karena percaya, bukan karena melihat" (2 Kor. 5:6–7).

TENTUKAN JALAN ANDA

Mengetahui dan memperjelas nilai-nilai kita adalah hal mendasar untuk menghidupi hidup yang memiliki integritas. Nilai adalah inti keyakinan yang kita pegang teguh dan tidak akan kita kompromikan. Ditegaskan dengan jelas bahwa nilai-nilai sangatlah penting untuk menjaga kita tetap pada jalur ketika kita mengejar visi kita. Pertimbangkanlah demikian: Jika Anda sedang pergi ke suatu tempat yang belum pernah Anda kunjungi sebelumnya, apakah Anda hanya akan mulai mengemudi dan berharap pada akhirnya tiba di tempat tujuan Anda? Tentu saja tidak. Begitu tujuan Anda ditentukan, Anda tentu akan menentukan cara menuju ke sana. Anda akan mendapatkan peta, arah,

141

rencana perjalanan, dan memantau perkembangan Anda. Hidup tanpa nilai-nilai yang jelas sama halnya dengan mengemudi tanpa arah dan tujuan. Menentukan arah berdasarkan nilai-nilai mempersiapkan jalan yang dengan pasti mengantar Anda ke depan, menepis ketidakpastian.

Saya sering bertanya kepada orang-orang apakah mereka sudah pernah menentukan tujuan yang akan mereka capai. Saya mendapati hampir semua orang telah menentukan dengan jelas setidaknya satu tujuan khusus yang hendak mereka capai. Namun, ketika saya bertanya kepada orang-orang itu apakah mereka pernah menentukan atau menuliskan dengan jelas nilai-nilai inti kehidupan, ceritanya menjadi berbeda. Tujuan memperjelas hal-hal yang ingin kita capai. Nilai-nilai memperjelas siapakah diri kita. Sebagian besar dari kita lebih suka memperjelas hal-hal yang senang kita lakukan daripada memperjelas nilai-nilai yang mengungkapkan siapakah diri kita. Kejelasan ditemukan dengan menentukan jalan berdasarkan nilai-nilai yang ditentukan dengan jelas.

LURUSKANLAH PEDOMAN ANDA

Kompas menunjukkan arah kepada kita dengan jarum magnet yang selalu mengarah ke utara. Langkah pertama untuk mengatur pedoman kita adalah menentukan hal yang paling penting dalam hidup kita. Untuk menentukan arah berdasarkan nilai-nilai, kita pertama-tama harus memperjelas "kompas" milik kita dengan seperangkat nilai-nilai inti yang sifatnya pribadi, yang menentukan keyakinan dan prioritas dalam kehidupan kita. Melihat ke belakang dari kehidupan saya, adalah hal yang mengagumkan betapa sering nilai-nilai inti saya sendiri berubah. Karena saya tidak pernah menentukan dengan jelas nilai-nilai saya sendiri, saya terombang-ambing tanpa tujuan, tanpa kejelasan, dan tanpa arah yang tentu. Sering kali, Allah memperjelas kebutuhan saya untuk mengatur nilai-nilai pribadi yang jelas untuk menandai prioritas dalam hidup saya. Ketika saya berdoa kepada Allah untuk mengungkapkan apa yang seharusnya menjadi nilai inti pribadi saya, prioritas kehidupan ini pada akhirnya menjadi jelas: iman, keluarga, integritas, dan tanggung jawab.

Memiliki nilai-nilai yang jelas membantu saya untuk bertahan pada jalan saya dan menentukan pilihan-pilihan yang mantap. Keputusan apa pun yang saya ambil dapat menjadi berbobot karena nilai-nilai yang saya anut sebelum saya menentukan pilihan. Ketika saya menimbang pilihan-pilihan saya dengan nilai-nilai yang saya miliki, hal ini membantu saya untuk menemukan kejelasan. Akhirnya, nilai-nilai ini memandu keputusan-keputusan saya. Alkitab mengatakan, "Siapa bersih kelakuannya, aman jalannya, tetapi siapa berliku-liku jalannya, akan diketahui" (Ams. 10:9). Izinkanlah saya menantang Anda, apabila Anda belum pernah melakukannya, tentukan nilai-nilai inti pribadi Anda dengan jelas. Hal ini mungkin saja memerlukan pemikiran dan waktu untuk menyatakan prioritas hidup Anda. Apabila Anda tidak siap untuk melakukannya, tandailah halaman ini, sempatkan untuk memikirkannya dan segera kembali ke halaman ini lagi. Pikirkan tentang nilai-nilai pribadi yang paling baik menentukan prioritas hidup Anda. Tuliskan dan gunakan sebagai acuan secara teratur. Tentukanlah pedoman Anda.

Nilai-nilai Inti Pribadi Saya (keyakinan untuk menentukan prioritas):

- _____
- _____
- _____
- _____

Aturlah Pandangan Anda

Seperti halnya kita membutuhkan nilai-nilai pribadi yang ditentukan dengan jelas untuk menyusun rencana perjalanan kita, kita juga membutuhkan nilai-nilai operasional untuk mengatur pandangan kita untuk performa kita. Nilai-nilai operasional seharusnya sejalan dengan nilai-nilai pribadi untuk membimbing kita dalam arah yang semestinya. Ketika nilai-nilai operasional beriringan dengan nilai-nilai pribadi, kekuatan integritas dihasilkan. Alkitab memberikan kita arahan: "Dan jadikanlah dirimu sendiri suatu teladan dalam berbuat baik. Hendaklah engkau jujur dan bersungguh-sungguh dalam pengajaranmu, sehat dan tidak bercela dalam pemberitaanmu sehingga lawan menjadi malu, karena tidak ada hal-hal buruk yang dapat mereka sebarkan tentang kita" (Titus 2:7-8).

Visi SHINE menyediakan tujuan-tujuan yang dikehendaki bagi Anda untuk menentukan arah ke depan. Dalam visi itu terdapat nilai operasional inti yang memperjelas arah dan mengatur berbagai pandangan untuk hasil yang diharapkan: kehidupan kerja yang memuliakan Allah. Kelima nilai ini memberikan kejelasan, fokus, dan batasan pada jalan yang semestinya:

- Semangat pelayanan
- Kesetiaan
- Kebajikan
- Integritas
- Relasi

Dengan menata pedoman nilai-nilai pribadi dengan berbagai pandangan nilai operasional, suatu jalan menuju tindakan yang ditentukan dengan jelas telah dicanangkan. Kejelasan nilai-nilai mengantar pada suatu kehidupan yang memiliki integritas. Kita harus mengatur pandangan-pandangan kita. Sediakanlah waktu untuk menentukan nilai-

nilai operasional Anda sendiri. Nilai-nilai apa yang Anda inginkan un-tuk membimbing performa Anda dalam bekerja? Anda bisa mencatat sekarang atau melakukannya kemudian.

Nilai-nilai Operasional Saya (keyakinan-keyakinan untuk performa):

- _____
- _____
- _____
- _____

Ketahuilah Nilai-nilai Anda

Dengan penjualan tahunan sekitar 15,5 juta baterai, Interstate Batteries menjadi penyuplai terdepan baterai pengganti untuk otomotif di Ame-rika Utara. Pimpinan Interstate, Norm Miller, memahami pentingnya nilai-nilai yang jelas dalam menjalankan organisasi yang berhasil:

> _Saya kira, tantangan terbesar sebagai seorang pemimpin bisnis adalah meletakkan prioritas yang sesuai; kemudian, mengarahkan dengan semestinya usaha-usaha kita untuk mempertahankan prioritas-prio-ritas itu ... Perasaan kita adalah apabila kita memperlakukan semua rekan bisnis kita dengan hormat, jujur, berintegritas, memperhatikan kebutuhan mereka, mendengarkan mereka, dan melayani mereka se-cara profesional, maka kita akan selalu membangun suatu model yang akan berfungsi baik._[2]

Kejelasan merupakan hal yang mendasar ketika kita menghadapi tantangan dalam pekerjaan kita. Pertanyaan-petanyaan berikut dapat membantu menentukan kejelasan dalam pekerjaan kita:

- Apa yang diperjuangkan perusahaan kita?
- Bagaimana perusahaan kita mendefinisikan keberhasilan?
- Seberapa cocok saya dalam perusahaan?

- Apakah yang diharapkan dari saya?
- Bagaimana cara saya bekerja?
- Bagaimana cara saya berusaha maju?
- Bagaimana cara saya dapat membuat suatu perbedaan?

Para pengusaha, bantulah perusahaan Anda menemukan kejelasan dengan memberikan jawaban untuk pertanyaan-pertanyaan ini bagi setiap karyawan Anda. Jadikanlah ini bagian dari *job description* mereka, dan lakukan evaluasi terhadap performa kerja mereka dalam bidang ini dengan komunikasi dan penguatan yang sifatnya reguler. Apabila Anda adalah seorang karyawan, mintalah bos Anda untuk memperjelas poin-poin ini untuk Anda. Hal ini penting bagi pimpinan dan karyawan untuk memahami dengan jelas apa yang diharapkan dan seberapa baik harapan tersebut dipenuhi. Mencari kejelasan dan nilai-nilai yang dibagikan mendukung kerja tim dan arah yang menyatu.

Juara NFL terdepan sepanjang masa, Don Shula—yang secara khusus dikenal melatih Miami Dolphins dengan suatu musim yang sempurna 17–0 pada tahun 1972—menuliskan, "Sebagai seorang pelatih, saya selalu membawa dalam diri saya seperangkat kepercayaan, nilai-nilai, dan keyakinan inti yang mendukung visi saya akan kesempurnaan. Keyakinan ini mengarahkan keseluruhan filosofi kepelatihan saya. Keyakinan ini menata konteks dan batasan hal-hal apa yang dapat dijalankan oleh pemain dan mana yang dijalankan pelatih."[3]

Ketahuilah nilai-nilai Anda.

Tim, perusahaan, dan pribadi yang paling berhasil adalah mereka yang memahami dengan jelas nilai-nilai inti yang mereka miliki dan mengomunikasikannya dengan jelas dalam organisasi mereka. Nilai-nilai yang dinyatakan dengan jelas mencerminkan:

- Siapakah diri kita
- Apa yang kita yakini
- Bagaimana kita hidup atau mengerjakan sesuatu

Membangun kehidupan kita berdasarkan nilai-nilai ilahi sama dengan mengikuti peta secara aman untuk membawa kita pada tujuan yang kita kehendaki. Nilai-nilai ilahi memungkinkan kita untuk bergerak dengan yakin ketika angin, hujan, dan badai ketidakpastian menerpa kita. Kejelasan nilai-nilai ilahi menata rencana menuju hidup yang memiliki integritas dan mengarahkan kita melewati semua elemen kehidupan. Lebih penting dari pengertian mengenai siapakah diri kita, kejelasan nilai-nilai Allah menentukan *milik siapakah* diri kita.

Aku akan menaruh yang sepertiga itu dalam api dan akan memurnikan mereka seperti orang memurnikan perak. Aku akan menguji mereka, seperti orang menguji emas. Mereka akan memanggil nama-Ku, dan Aku akan menjawab mereka. Aku akan berkata: Mereka adalah umat-Ku, dan mereka akan menjawab: TUHAN adalah Allahku (Za. 13:9).

Catatan akhir

1. Andy Stanley, *The Next Generation Leader* (Sisters, OR: Multnomah Publishers, 2003), 69.
2. Norm Miller, dikutip dalam "Christian News", www.christianet.com (diakses pada tanggal 7 April 2007).
3. Don Shula, *The Little Book of Coaching* (New York, NY: Harper Collins, 2001), 11.

Bab 15

Bersinar dengan Keyakinan

Hidupilah Nilai-nilai Anda

Dan kami tahu, hai saudara-saudara yang dikasihi Allah,
bahwa Ia telah memilih kamu.
Sebab Injil yang kami beritakan bukan disampaikan kepada kamu
dengan kata-kata saja, tetapi juga dengan kekuatan oleh Roh
Kudus dan dengan suatu kepastian yang kokoh ...

(1 Tes. 1:4–5)

Para pemilik Betenbough Homes di Lubbock, Texas, berbagi visi untuk menggunakan keuntungan perusahaan mereka guna menyebarluaskan Kerajaan Allah. Perusahaan yang dimiliki oleh karyawannya ini dengan jelas mencari visi Allah akan kebajikan. Perusahaan ini telah mencanangkan nilai-nilai operasional yang jelas untuk menentukan arah perusahaan tersebut:

1. Muliakanlah Allah
2. Kasihilah sesama
3. Jadilah pelayan yang baik
4. Bersikaplah penuh kasih

Dengan nilai-nilai yang dinyatakan dengan jelas ini, Betenbough Homes telah menjadi lebih dari sekadar kontraktor pembangunan rumah. Seorang karyawan mendeskripsikan perusahaan itu sebagai "suatu kelompok orang yang berbagi tujuan dan nilai umum yang disatukan untuk membangun suatu tempat tinggal dan relasi dengan Allah."

Beberapa tahun yang lalu, organisasi tersebut melakukan perubahan filosofis yang membawa keseluruhan keyakinan mereka pada suatu tataran yang sepenuhnya baru. Bukan hanya sebagai suatu perusahaan milik orang Kristen, perusahaan pembangunan rumah yang menopang pelayanan, Betenbough Homes mulai memandang dirinya sebagai suatu pelayanan kristiani yang menopang dirinya dengan membangun tempat tinggal. Perusahaan itu telah mendirikan departemen pelayanan yang menempati posisi puncak dalam bagan organisasi perusahaan dan tentu saja merupakan fokus utama dari pelaksanaan pekerjaan mereka.

Betenbough menentukan prioritas nilai mereka dengan sangat serius. Kitab Kel. 23:19 mengajarkan: "Yang terbaik dari buah bungaran hasil tanahmu haruslah kaubawa ke dalam rumah TUHAN, Allahmu. ...." Perusahaan ini menetapkan sepuluh persen dari penghasilan kotor mereka untuk menopang karya pelayanan guna memenuhi Pelayanan Besar—menghasilkan murid-murid dari seluruh negeri. Hal itu benar adanya: Sepuluh persen dari penghasilan kotor mereka yang pertama (bukan keuntungan mereka) digunakan untuk karya pelayanan. Pada tahun 2006, dengan total penghasilan di atas 40 juta dolar, Betenbough Homes membagikan lebih dari 4 juta dolar untuk karya pelayanan membangun Kerajaan Allah. Itu keyakinan yang hebat!

Presiden Rick Betenbough mengatakan, "Prioritas kami, bahkan di atas karya pelayanan, dengan tegas adalah untuk menguatkan relasi kami—yang pertama relasi kami dengan Allah, kemudian relasi kami dengan sesama, dan akhirnya relasi mereka dengan Allah."[1] Bagaimanakah pembangun rumah tempat tinggal dari Lubbock, Texas, membuat pengaruh yang sedemikian berarti kepada orang lain? Keyakinan. Betenbough Homes dengan jelas memahami bahwa menentukan arah berdasarkan nilai-nilai Allah menghasilkan pekerjaan-pekerjaan baik yang memuliakan Bapa kita di Surga: "Jikalau bukan TUHAN yang membangun rumah, sia-sialah usaha orang yang membangunnya ..." (Mzm. 127:1).

TINDAKAN DI ATAS KATA-KATA

Bukanlah hal yang begitu sulit untuk mengatakan bahwa kita memiliki nilai-nilai. Kadang kala, bahkan terasa baik untuk membicarakannya. Dalam bab sebelumnya, kita memfokuskan pada pentingnya memperjelas nilai-nilai. Bagaimanapun juga, semua pekerjaan memperjelas bahwa tidak ada gunanya jika kita hanya berbicara tentang nilai-nilai tanpa melakukan sesuatu berdasarkan nilai-nilai itu. Apa yang bernilai bagi kita terlihat dalam tindakan, bukan dalam kata-kata kita saja.

Apakah gunanya, saudara-saudaraku, jika seorang mengatakan, bahwa ia mempunyai iman, padahal ia tidak mempunyai perbuatan? Dapatkah iman itu menyelamatkan dia? (Yak. 2:14).

Menentukan arah berdasarkan nilai-nilai menuntut keyakinan yang dalam dan kepastian mengenai cita-cita yang telah dipilih. Tanpa kepastian, nilai-nilai kita tidak membawa pengaruh apa pun. Kepastian membuat kita mampu menghidupkan nilai-nilai kita.

Pada suatu tahun, saat perusahaan kami membandingkan keuntungan perawatan kesehatan, rekan saya, yang mengelola asuransi, bertemu dengan pihak asuransi yang potensial. Ketika perwakilan asuransi kesehatan mulai membicarakan produknya, rekan saya memperhatikan nilai-nilai perusahaan yang dicetak pada bagian belakang kartu bisnis tenaga penjualan itu. Pada saat itu, rekan saya memegang kartu bisnis itu dan meminta si tenaga penjualan untuk sedikit menjelaskan nilai-nilai perusahaan. Ia memberikan tanggapan, "Ini hanyalah sesuatu yang mereka tempatkan di bagian belakang dari kartu bisnis kami. Saya bahkan tidak terlalu meyakini apa yang tertulis." Berbicara tentang kurangnya keyakinan! Ini bukanlah hal yang begitu mengejutkan ketika—beberapa tahun kemudian—perusahaan ini mengalami saat-saat sulit dalam hal finansial karena pelayanan yang buruk, yang membuat para klien meninggalkannya.

PERFORMA DI ATAS JANJI

Penting untuk dicatat: Jika kita menentukan arah berdasarkan nilai-nilai, kita harus pergi ke suatu tempat. Kita tidak menentukan arah hanya dengan duduk diam. Kita menentukan arah sementara kita bergerak maju. Seperti halnya Will Rogers mengatakan, "Bahkan apabila Anda sudah berada di jalur yang benar, Anda akan tergilas jika hanya duduk-duduk di sana."[2] Kita tidak menentukan arah dengan menyatakan nilai-nilai. Kita menentukan arah dengan menunjukkan nilai-nilai dalam pekerjaan kita.

Berikut ini adalah nilai-nilai inti tertulis dari suatu perusahaan terkenal:

- Komunikasi
- Penghargaan
- Integritas
- Kebajikan

Anda tentu mengharapkan suatu perusahaan dengan nilai-nilai di atas dapat menjadi suatu tempat kerja yang baik. Nilai-nilai ini tentu membawa perusahaan menuju keberhasilan yang terjaga jika nilai-

nilai itu dijiwai oleh organisasi secara menyeluruh. Anda tidak mungkin dapat menebak perusahaan terkenal apakah yang telah menyatakan secara jelas nilai-nilai inti yang tertulis ini. Ini adalah nilai-nilai inti dari Enron Corporation sebelum kejatuhan dan kebangkrutannya.[3]

Jelaslah bahwa ada yang salah. Enron mungkin saja telah memperjelas nilai-nilai perusahaan, tetapi keyakinan untuk menjaga nilai-nilai tersebut jelas sudah hilang. Nilai-nilai ini mungkin telah dituliskan di suatu tempat, tetapi tidak digunakan dalam penentuan arah. Kejatuhan Enron mungkin dapat dihindari jika kepemimpinan di Enron tetap mengikuti nilai-nilai yang sudah dinyatakan. Banyak tindakan yang diambil oleh sebagian karyawan Enron, yang membawa pada kejatuhan perusahaan, sepenuhnya berlawanan dengan nilai-nilai perusahaan. Kurangnya keyakinan pada akhirnya membawa Enron pada kebangkrutan dan menderita kerugian hampir US$60 miliar. Apakah mengherankan bahwa kurangnya keyakinan pribadi dapat mengakibatkan hal serupa bagi kita? Jika kita meninggalkan keyakinan kita, diri kita dapat juga mengalami kebangkrutan dan tenggelam dalam kerugian dan kegagalan moral.

KEYAKINAN DI ATAS KOMPROMI

Salah satu kisah kesukaan saya mengenai keyakinan ditemukan dalam kitab Daniel 3. Ini adalah kisah tentang tiga budak muda Ibrani yang, karena kebajikan dan nilai-nilai yang mereka miliki, berhasil menempati peran yang sangat penting dalam dunia usaha terbesar pada waktu itu. Jika mereka hanya mengikuti arus dan melakukan apa yang diperintahkan kepada mereka, mereka tentu akan tetap nyaman. Saat atasan mereka, raja Babel, memperluas kemaharajaannya, ia semakin sombong. Ia meminta semua rakyat di kerajaannya untuk memuja berhala sebagai penghormatan kepadanya. Menolak mematuhi perintahnya akan dihukum mati dalam tungku pembakaran yang keji. Ketiga budak tersebut menghadapi krisis kepercayaan. Secara fisik, mereka tidak mendapatkan apa-apa dan malah rugi jika menentang perintah raja. Namun, ketiganya tetap teguh dalam hal nilai-nilai. Mereka tahu bahwa mengikuti perintah atasan mereka akan membahayakan nilai-nilai pribadi mereka sendiri. Ketiganya memilih keyakinan di atas kompromi, menolak untuk memuja berhala emas.

Raja yang murka itu menaikkan panas api lebih tinggi daripada biasanya dan memerintahkan ketiga budak itu dibawa ke tungku pembakaran. Semua tampak gelap. Namun, kemudian Allah menunjukkan diri. Dia membebaskan mereka dari tungku pembakaran. Ketiganya keluar dari api tanpa luka sedikit pun:

> Berkatalah Nebukadnezar: "Terpujilah Allahnya Sadrakh, Mesakh dan Abednego! Ia telah mengutus malaikat-Nya dan melepaskan hamba-hamba-Nya, yang telah menaruh percaya kepada-Nya, dan melanggar titah raja, dan yang menyerahkan tubuh mereka, karena mereka tidak mau memuja dan menyembah allah mana pun kecuali Allah mereka" ... Lalu raja memberikan kedudukan tinggi kepada Sadrakh, Mesakh dan Abednego di wilayah Babel (Dan. 3:28, 30).

HIDUPILAH NILAI-NILAI ANDA

Dalam dunia bisnis saat ini, kita mungkin tidak menghadapi tungku perapian yang keji, tetapi berhadapan dengan situasi yang menuntut suatu pilihan antara kompromi dan kepastian. Adakalanya, kompromi akan terlihat menjadi satu-satunya pilihan yang menjanjikan. Beberapa tahun yang lalu, perusahaan kami berusaha menjual sebuah mesin pengeboran bawah tanah yang mahal kepada kontraktor yang sangat besar. Kelihatannya, pilihan terbaik kami adalah membantu perusahaan itu menyelesaikan pekerjaannya dengan menyewakan mesin baru kami kepada mereka. Manajer divisi kontraktor itu meyakinkan kami bahwa pekerjaan ini tidak akan bermasalah dan jumlah pembayaran dapat menutup biaya pembelian peralatan kami. Sayangnya, pekerjaan ini terbukti jauh lebih sulit daripada yang kami bayangkan. Setelah beberapa minggu, kami bertanya-tanya apakah pekerjaan itu dapat diselesaikan. Namun, kami bertahan.

Hingga minggu ketiga, kami telah menginvestasikan lebih dari US$50.000 karena bongkar pasang pada proyek yang sulit ini. Ketika orang-orang kami berbicara dengan kontraktor apakah kami harus berhenti, kami diberi tahu bahwa jika pekerjaan tidak selesai kami tidak akan memperoleh pembayaran biaya sewa sedikit pun, tidak ada ganti rugi untuk kerusakan, dan tidak ada kemungkinan untuk menjual peralatan kepada mereka di waktu kemudian. Jelaslah kami dimanfaatkan untuk menyelesaikan pekerjaan yang tidak mampu dilakukan kontraktor ini. Sebagai manajer penjualan, saya meyakinkan manajer divisi perusahaan itu untuk membayar biaya sewa dan perbaikan mesin kami, meskipun pekerjaan belum selesai. Ia sangat menuntut dan jelas berada dalam tekanan atas pekerjaan ini. Setelah berdebat selama kurang lebih 20 menit, manajer divisi itu mengejutkan saya dengan tawaran berikutnya. Ia mengatakan bahwa kami akan dibayar jika saya membelikan satu set stik golf baru untuknya. Berbicara tentang jalan keluar yang mudah untuk situasi sulit. Jika saya melakukan hal ini, kami akan memperoleh semua bayaran kami. Saya pun akan dipandang sebagai seorang pahlawan karena melakukan hal ini.

Masalahnya adalah: Melakukan hal tersebut berarti membahayakan nilai-nilai inti saya, terutama integritas. "Namun, ini jalan yang mudah," batin saya. "Bukankah ini suatu kompromi? Hal semacam ini selalu terjadi dalam bisnis, bukankah begitu?" Dalam diri, saya berjuang dengan dilema ini selama beberapa detik sebelum nilai-nilai saya menentukan keputusan untuk saya. Saya sampaikan kepadanya bahwa

saya tahu dalam hati saya bahwa itu tidak benar. Saya memintanya un-
tuk menyetujui pembayaran. Permintaannya telah mengejutkan saya,
jawabannya membuat saya lebih terkejut lagi. Ia mengatakan ia akan
menyetujui pembayaran, melanjutkan penyewaan, dan bertanggung
jawab atas semua kerusakan. Kami akhirnya berbisnis dengan perusa-
haan ini selama bertahun-tahun. Saya sering bertanya-tanya apa yang
akan terjadi jika saya membahayakan nilai-nilai saya dan memenuhi
permintaannya dengan memberinya stik golf.

Sering kali, menentukan pilihan yang tepat tidak selalu berhasil
seperti ini. Adakalanya menentukan pilihan yang tepat dapat menjadi
hal yang sangat mahal.

Bagaimana jika Allah tidak menyelamatkan ketiga budak itu dari api?
Akankah cerita saya berbeda jika kami kehilangan uang?

Saya senang bisa mengatasinya. Namun, pilihan itu pasti tetap
benar meskipun situasinya berbeda. Menentukan arah berdasarkan
nilai-nilai adalah memilih untuk menghidupi nilai-nilai, bahkan ke-
tika itu kelihatan sangat sulit. Alkitab mengajarkan kepada kita: "Kui
adalah untuk melebur perak dan perapian untuk melebur emas, tetapi
TUHANlah yang menguji hati" (Ams. 17:3). Kadang, pilihan antara ke-
yakinan dan kompromi tidak menguntungkan. Sering kali, tidak ada
orang yang mengetahui jika kita memilih kompromi. Setiap kali nilai-
nilai kita berada dalam bahaya, kita harus membayar mahal. Anda tidak
dapat mematok harga pada integritas Anda sendiri.

Catatan akhir

1. Betenbough Homes, dari brosur perusahaan dan percakapan pribadi, 2007.
2. Will Rogers, www.quotationspage.com (diakses 15 November 2007).
3. Carolyn B. Thompson dan James W. Ware, *The Leadership Genius of George W. Bush*,
   (Hoboken, NJ: John Wiley and Sons, 2003), 18.

BAB 16

Bersinar dengan Kepercayaan Diri

YAKINI NILAI-NILAI ANDA

Diberkatilah orang yang mengandalkan TUHAN,
yang menaruh harapannya pada TUHAN!
Ia akan seperti pohon yang ditanam di tepi air,
yang merambatkan akar-akarnya ke tepi batang air,
dan yang tidak mengalami datangnya panas terik,
yang daunnya tetap hijau, yang tidak kuatir dalam tahun kering,
dan yang tidak berhenti menghasilkan buah.

(Yer. 17:7–8)

Waktu itu kami sedang mengalami kemerosotan yang paling mengguncang yang pernah dihadapi industri kami. Bagian penjualan kami kehilangan lebih dari setengah penghasilan dalam waktu yang singkat. Perusahaan-perusahaan yang serupa memilih untuk keluar dari bisnis ini atau memilih mengurangi jumlah karyawan dan fasilitas untuk tetap bertahan. Hampir sepertiga dari rekan penjual kami keluar dari bisnis ini. Harapan finansial suram, dengan ramalan meluasnya bencana dalam industri kami. Ketika bisnis bergerak tidak stabil menuju bagian terbawah yang tidak menentu, suatu kebenaran yang tidak dapat disangkal menjadi jelas: "Dalam takut akan TUHAN *ada* ketenteraman yang besar, bahkan ada perlindungan bagi anak-anak-Nya. Takut akan TUHAN *adalah* sumber kehidupan sehingga *orang* terhindar dari jerat maut." (Ams. 14:26–27). Apabila kami harus bertahan dalam kekacauan ini, kami perlu mengubah fokus kami dari kekhawatiran akan kesuraman ini dan percaya akan nilai-nilai ilahi untuk membawa kami melewatinya. Meskipun ada kekacauan ekonomi, nilai-nilai kami meneguhkan kami dengan keyakinan yang diperlukan untuk menghadapi badai.

Berikut ini adalah sebuah memo yang saya kirimkan kepada para karyawan kami di tengah-tengah kemerosotan:

13 Desember 2002

Seiring datangnya akhir tahun, kami ingin mengucapkan terima kasih kepada masing-masing dari Anda atas usaha dan dedikasi Anda untuk perusahaan kita. Tahun 2002 telah menjadi suatu tahun yang benar-benar menantang dalam industri kita.

Berkat usaha Anda dan visi kita untuk bersinar dengan kebajikan, kita tetap tabah. Meskipun volume penjualan kita masih lebih rendah dibandingkan tahun lalu, kita masih menerima banyak penghargaan untuk performa berkualitas tinggi dari pabrik kita seiring dengan tingkat pencapaian tertinggi dalam program "tanda keunggulan" mereka.

Meskipun tahun belum berganti, tampaknya kami akan menutupnya dengan keuntungan yang sangat kecil di tahun 2002 ini. Dalam masa perekonomian semacam ini, kemampuan untuk tetap menghasilkan keuntungan merupakan suatu pencapaian yang bagus. Meskipun kita sudah dekat dengan masa tutup buku, Anda akan tetap mendapatkan bonus Natal. Mungkin jumlahnya lebih kecil daripada tahun-tahun sebelumnya, tetapi pada masa-masa ketika ribuan perusahaan menghadapi kejatuhan dan kebangkrutan, kita memandang diri kita benar-benar diberkati tetap mampu memberikan bonus Natal bagi para karyawan.

Saat kita memasuki tahun 2003, kita tetap sepenuhnya memegang nilai-nilai kita dan memusatkan perhatian penuh pada visi kita untuk bersinar dengan kebajikan:

- Setia melayani sesama
- Hormati Allah
- Izinkan pertumbuhan yang berkesinambungan
- Nilai sebagai acuan
- Erat dalam relasi

Saya percaya jika kita terus mengupayakan hal-hal tersebut, segala sesuatu yang lain akan berjalan dengan baik. Kami mengucapkan Selamat Natal kepada Anda dan keluarga Anda saat kita menatap ke depan menuju tahun baru yang penuh dengan tantangan, kesempatan, dan pelayanan.

Hormat kami,

Kris Den Besten
CEO

Seiring dengan berjalannya waktu, nilai-nilai kami memberikan rasa aman yang memotivasi para karyawan kami, meskipun dalam situasi demikian. Nilai-nilai itu juga memperjelas siapa yang ada dalam tim kami dan siapa yang tidak. Mereka yang terjalin dalam nilai-nilai dan visi kami menemukan kedamaian dan keyakinan bahwa nilai-nilai kami akan membawa kami melewati situasi itu. Mereka yang tidak sejalan, tetap bebas menemukan nilai-nilai mereka sendiri di tempat lain. Berkat pengaruh yang sifatnya menjaga ketenangan dari nilai-nilai kami, kami bertahan dalam masa yang sulit ini tanpa pemberhentian satu karyawan pun dan tanpa menutup gudang-gudang kami. Nilai-nilai dan visi kami bersama-sama memainkan peran, menegaskan arah kami, dan menentukan rencana kami sambil tetap menumbuhkan keyakinan kami dengan menguatkan tim kami.

TENTUKAN STANDAR

Ketika perusahaan kami pertama kali menggulirkan nilai-nilai perusahaan kami beberapa tahun yang lalu, kondisi yang ada tidaklah baik. Beberapa isu yang benar-benar tidak menentu mulai bermunculan dalam organisasi kami. Para karyawan yang telah menjadi saksi dari perilaku yang patut dipertanyakan di masa lalu tanpa melaporkannya telah menemukan keyakinan baru untuk menentang tindakan yang berlawanan dengan nilai-nilai yang baru dinyatakan. Dalam satu contoh, kami menemukan bahwa seorang karyawan bagian penjualan telah menjual peralatan dengan harga yang sangat rendah kepada sebuah perusahaan yang bersaing dengan beberapa pelanggan kami, dan ternyata ia adalah rekanan perusahaan tersebut. Kami juga mendapati para karyawan yang menjual barang-barang secara kontan, mengantongi keuntungan yang diperoleh, dan mencatatnya sebagai kehilangan barang. Kegiatan-kegiatan yang tidak layak lainnya, yang sebelumnya tidak diketahui, mulai terungkap. Pada mulanya, mengetahui tindakan-tindakan yang tidak semestinya ini benar-benar mematahkan harapan. Namun, seiring dengan berjalannya waktu, kami memahami bahwa nilai-nilai kamilah yang memilah-milah keyakinan dan perilaku yang bukan milik organisasi kami. Nilai-nilai kami menentukan standar yang dengan jelas menegaskan harapan-harapan perusahaan kami.

Pada akhirnya, kemerosotan ekonomi yang disebutkan sebelumnya mencapai batas bawah, dan penghasilan penjualan kami mulai meningkat. Kemerosotan dramatis seperti ini sering kali memberikan kesempatan luar biasa bagi mereka yang menghadapi badai dan berpegang pada kekuatan nilai-nilai mereka. Ketika bisnis kembali membaik, perusahaan kami mampu melakukan sejumlah akuisisi pada waktu dan harga yang tepat, yang membantu mengukuhkan organisasi kami dan mempercepat pertumbuhan kami. Pada dasarnya, nilai-nilai yang kami miliki menguatkan kami dalam masa-masa sulit, menyisihkan perilaku yang tidak bisa diterima, dan meneguhkan keyakinan kami untuk melakukan ekspansi lebih lanjut.

LETAKKAN FONDASI

Seiring berkembangnya perusahaan kami, kami menemukan bahwa nilai-nilai dan visi kami menarik pribadi-pribadi yang memiliki nilai dan visi yang sama yang membagikan cita-cita kami dan berkeinginan untuk bergabung dengan tim kami. Ketika kami terus mengadakan perluasan dan memperoleh wilayah yang lebih banyak, nilai-nilai dan visi kamilah yang membawakan kepada kami orang-orang yang tepat untuk menjaga perkembangan kami. Saya telah menemukan bahwa sumber terbaik untuk perekrutan karyawan ditemukan dalam menentukan nilai-nilai ilahi, dan kemudian berdoa bahwa Allah akan menyediakan orang yang tepat untuk menghidupkan nilai-nilai dan mengusahakan visi tersebut. Ketika kami membangun tim kami berdasarkan nilai-nilai ilahi, kami meletakkan fondasi yang kokoh. Yesus mengatakan,

> Setiap orang yang mendengar perkataan-Ku ini dan melakukannya, ia sama dengan orang yang bijaksana, yang mendirikan rumahnya di atas batu. Kemudian turunlah hujan dan datanglah banjir, lalu angin melanda rumah itu, tetapi rumah itu tidak rubuh sebab didirikan di atas batu (Mat. 7:24–25).

Perusahaan kami mengalami beberapa perkembangan yang luar biasa selama beberapa tahun silam. Kami telah memiliki lebih dari dua kali ukuran teritorial kami, mempunyai hampir tiga kali lipat penghasilan dari penjualan kami sebelumnya, dan telah mengembangkan tim karyawan kami secara luar biasa. Sama pentingnya dengan nilai-nilai kami yang telah terbukti selama guncangan masa-masa sulit, mereka pun sama pentingnya, jika tidak lebih, saat kami terus mengalami perkembangan dan keberhasilan. Tanpa tetap teguh dalam nilai-nilai yang serupa dengan Kristus, kilauan keberhasilan dapat membelokkan kami dari visi kami. Nilai-nilai duniawi—seperti kekayaan, kebanggaan, dan kekuasaan—dapat mencabut kita dari arah kita dan mengarahkan kita pada egoisme, bukannya kesalehan. Dengan tidak memedulikan apa yang sedang terjadi di sekitar kita, nilai-nilai membangun fondasi karakter yang kokoh yang tidak terguncangkan. Dari fondasi inilah keyakinan kita meningkat, memungkinkan kita berdiri teguh dalam nilai-nilai kita, dalam kondisi apa pun, baik atau buruk.

CIPTAKAN STABILITAS

Hidup umumnya mendatangi kita dengan begitu cepat. Setiap hari kita menghadapi tantangan-tantangan baru dalam pekerjaan dan kehidupan. Kemalangan, cobaan, dan ketidakpastian menanti di setiap sudut. Pilihan-pilihan moral dan etis menandai jalur perjalanan kita. Dalam bisnis, angin perubahan terus-menerus berembus. Untuk tetap bertahan, suatu bisnis haru menemukan jalannya melewati puncak dan lembah waktu. Pendiri Wal-Mart, Sam Walton, suatu ketika mengatakan, "Anda tidak dapat hanya terus melakukan hal yang hanya berfungsi satu kali, karena segala sesuatu di sekitar Anda selalu berubah. Untuk berhasil, Anda harus berada di depan perubahan itu."[1]

- Perubahan strategi
- Perubahan pasar
- Perubahan struktur organisasi
- Perubahan karyawan

- Perubahan manajemen
- Perubahan sasaran dan tujuan
- Perubahan program-program kompensasi
- Perubahan pelanggan
- Perubahan produk

Perubahan bersifat konstan. Perubahan membawa ketidaknyamanan. Namun, dengan perubahan datanglah peluang yang luar biasa. Dengan segala sesuatu yang berubah di sekitar kita, keyakinan yang sangat besar dapat ditemukan dalam nilai-nilai inti yang tidak pernah berubah. Suatu perusahaan yang didasarkan pada nilai-nilai menemukan keyakinan untuk melakukan perubahan untuk menguatkan dan mengembangkan organisasi itu.

Seorang karyawan atau pemilik yang menentukan arah berdasarkan nilai-nilai pribadi dan operasional memperoleh keuntungan yang berbeda dalam menghadapi perubahan. Menentukan arah berdasarkan nilai-nilai menanamkan sikap keyakinan. Meyakini nilai-nilai ilahi mengembangkan karakter yang saleh dan membuahkan integritas yang lebih besar. Integritas membangun keyakinan bahwa kita perlu untuk menentukan arah melewati badai perubahan dan muncul bersinar dengan lebih terang dan lebih kuat di sisi lain.

YAKINI NILAI-NILAI ANDA

Keyakinan ditemukan dalam kepercayaan dan perilaku kita. Baik kepercayaan maupun perilaku adalah elemen kehidupan yang sangat penting, tetapi keduanya tidak dengan sendirinya saling terpancar. Integritas terjadi ketika kepercayaan, perilaku, dan tindakan kita semuanya seiring. Adalah kepercayaan kita di dalam Yesus yang mengatur arah perjalanan hidup kita. Menerima karya keselamatan Kristus menjadikan Surga sebagai tujuan kekal kita. Namun, perilaku dan kesaksian kitalah yang memungkinkan kita menghadirkan Kerajaan-Nya di bumi. Pikirkan hal ini: Apakah hidup Anda menghadirkan Kerajaan-Nya? Apakah kepercayaan dan perilaku Anda sejalan dengan nilai-nilai ilahi? Ketika kepercayaan dan perilaku kita berakar kuat dalam nilai-nilai layaknya Kristus, kita dapat berdiri teguh dalam keyakinan yang mengantarkan kita pada takdir kita. Seperti halnya dikatakan Rick Warren,

> *Yesus tidak mati di kayu salib hanya supaya kita dapat hidup enak, hidup yang mapan. Tujuan-Nya jauh lebih dalam: Dia hendak menjadikan kita seperti Diri-Nya sebelum Dia membawa kita ke surga. Ini adalah hak istimewa kita yang paling luar biasa, tanggung jawab kita yang dekat, dan tujuan akhir kita.*[1]

Satu hal yang sangat jelas adalah bahwa kita tidak dapat mencapai tujuan kita menjadi serupa dengan Kristus dengan usaha kita sendiri. Kita membutuhkan Roh Kudus yang hidup di dalam diri kita dan menyatakan nilai-nilai-Nya melalui diri kita. Seperti sebuah pohon tidak dengan begitu saja menghasilkan buah, demikian juga kita tidak dengan sendirinya memengaruhi dunia. Sebuah pohon memerlukan waktu untuk melewati proses menjadi penghasil buah. Elemen-elemen yang sesuai harus ada pada tempatnya bagi sebuah pohon untuk menghasilkan buah yang baik. Buah adalah produk yang terjadi dalam proses pertumbuhan pohon. Demikian juga, ketika kita bertumbuh di dalam Tuhan, Roh-Nya berkarya di dalam diri kita, membawa elemen-elemen yang sesuai bersama-sama sehingga kita dapat menghasilkan buah yang baik: "Tetapi buah Roh ialah: kasih, sukacita, damai sejahtera, kesabaran, kemurahan, kebaikan, kesetiaan, kelemahlembutan, penguasaan diri" (Gal. 5:22-23a).

Sepanjang waktu Allah menggunakan berbagai situasi hidup kita untuk mengembangkan karakter kita. Kuasa Roh Kudus memungkinkan kita melakukan hal-hal yang tidak dapat kita lakukan sendiri:

menghasilkan buah yang baik yang menyatakan karakter-Nya. Karakter yang menyerupai Kristus hanya dinyatakan dengan memasrahkan diri kepada-Nya dan memberikan tempat bagi Roh Kudus untuk berkarya di dalam diri kita untuk menghasilkan buah yang baik.

Jadi, di manakah—atau di dalam siapakah—semestinya Anda menaruh kepercayaan Anda?

- Taruhlah kepercayaan Anda pada kekayaan dan Anda akan ditinggalkan dalam kehampaan.
- Taruhlah kepercayaan Anda pada kekuasaan dan Anda akan ditinggalkan dalam kesendirian.
- Taruhlah kepercayaan Anda pada orang lain dan Anda akan dikecewakan.
- Taruhlah kepercayaan Anda pada diri Anda sendiri dan Anda akan mengalami kebingungan.
- Taruhlah kepercayaan Anda pada perasaan Anda dan Anda akan keliru.
- Taruhlah kepercayaan Anda pada kebenaran Allah dan Anda akan selamat.

Oleh karena itu, tentukanlah standar, letakkan fondasi, dan ciptakan stabilitas. Taruhlah kepercayaan Anda pada nilai-nilai Allah, dan Anda akan memancarkan sinar.

Catatan akhir

1. Sam Walton, *Made in America*, (New York: Doubleday, 1992), 249.
2. Rick Warren, *Purpose Driven Life*, (Gran Rapids, MI: Zondervan, 2002), 178.

RENUNGAN

Nilai-nilai Integritas Saya

RINGKASAN

Prinsip Empat: Nilai Sebagai Acuan

Salah satu kunci untuk bersinar melampaui hal-hal penting adalah menentukan arah berdasarkan nilai-nilai yang ditentukan dengan jelas. Pada tahun 1990-an, kami mencanangkan nilai-nilai perusahaan kami sebagaimana keyakinan bisnis dari para pendiri bisnis kami. Nilai-nilai dan tindakan-tindakan ini menentukan arah keyakinan dan perilaku bisnis perusahaan kami seiring perkembangan pesat perusahaan kami. Pada tahun 2001, Allah menyatakan visi SHINE, yang sejalan dengan arahan yang telah diberikan nilai-nilai tersebut untuk perusahaan kami selama bertahun-tahun. Nilai-nilai perusahaan kami adalah:

- **Kepemimpinan Berjiwa Pelayan:** Kami akan memberikan pelayanan dan dukungan yang meneguhkan orang lain mencapai potensi mereka sepenuhnya.
- **Kejujuran:** Kami akan selalu jujur, melakukan hal-hal yang benar, dan memperlakukan orang dengan rasa hormat.
- **Dapat Diandalkan:** Kami akan membangun relasi yang saling memercayai melalui kualitas, performa kerja, dan usaha yang konsisten.

- **Perhatian:** Menyadari kami tidak dapat selalu menyenangkan semua orang, kami akan berusaha untuk memahami, mendukung, dan berterima kasih untuk kesempatan-kesempatan yang kami miliki.

- **Menghasilkan Keuntungan:** Kami akan menggunakan keuntungan kami untuk tumbuh dan berkembang, untuk memenuhi kebutuhan-kebutuhan yang ada, dan untuk memberikan pengaruh secara positif pada komunitas kami.

- **Kerja Tim:** Dengan menyatukan kecakapan dan usaha untuk tujuan-tujuan umum, kami meraih hasil yang lebih secara bersama-sama daripada kami melakukan sendirian.

Visi SHINE menjadi jelas dan semakin luas dalam keyakinan, perilaku, dan tindakan-tindakan perusahaan. Ketika kami mengupayakan visi SHINE, kami menentukan arah berdasarkan nilai-nilai tersebut, yang mengarahkan jalan kami, menentukan keputusan-keputusan kami, dan membuat kami maju dengan kekuatan integritas.

Penerapan

1. Nilai apakah yang ingin Anda ingat untuk dinyatakan?
2. Bagaimanakah nilai-nilai yang jelas dapat membantu Anda membuat keputusan-keputusan yang jelas?
3. Apa yang dapat Anda lakukan di tempat kerja Anda untuk menjadi model kualitas berikut?
    a. Kejelasan
    b. Keyakinan
    c. Kepercayaan diri

Renungkanlah:

Apakah nilai-nilai integritas Anda?

PERNYATAAN NILAI INTI

Kekuatan integritas muncul dalam nilai-nilai ilahi.

ERAT DALAM RELASI

Aku memberikan perintah baru kepada kamu, yaitu supaya kamu saling mengasihi; sama seperti Aku telah mengasihi kamu demikian pula kamu harus saling mengasihi. Dengan demikian semua orang akan tahu, bahwa kamu adalah murid-murid-Ku, yaitu jikalau kamu saling mengasihi.

(Yoh. 13:34-35)

BAB 17

Nyalakan Api Semangat Berelasi

RELASI YANG SETIA MENGALIR DARI KASIH ALLAH

... Kasihilah sesamamu manusia seperti dirimu sendiri.
(Mat. 22:39)

Pada awal karier saya di bagian penjualan, saya hanya mengurus penjualan. Hal yang ingin saya lakukan adalah melakukan apa saja untuk memenuhi target penjualan. Saya menentukan target yang tinggi dan saya hampir selalu melampaui target itu. Gambaran besar kehidupan tidak pernah ada bagi saya—hanya mengurus penjualan dan bergerak ke transaksi berikutnya. Semua aktivitas adalah untuk menawarkan agenda saya sendiri. Kebutuhan orang lain tidak menjadi perhatian saya. Saya hanya ingin menjual sesuatu dan terus melakukannya. Apabila saya tidak dapat menjual sesuatu, saya akan selalu meminta referensi. Siapa yang dapat berada dalam daftar saya sebagai "korban" yang potensial? Penjualan adalah sesuatu yang saya lakukan pada orang lain, bukanlah sesuatu yang saya lakukan bagi mereka. Membangun relasi merupakan suatu hal yang begitu jauh dari pikiran saya. Pendekatan agresif ini membawa sejumlah keberhasilan penjualan, tetapi tanpa makna yang penuh arti. Itu hanyalah bisnis.

Syukurlah, Allah perlahan-lahan mengendalikan kehidupan kerja saya dan menyatakan kebenaran yang penting kepada saya. Cara yang saya lakukan tidak akan menarik orang lain menuju Kerajaan-Nya. Itu hanya akan membangun kerajaan saya sendiri. Kita tidaklah diberi pekerjaan untuk keuntungan diri kita sendiri saja. Namun, pekerjaan kita diberikan sebagai suatu kesempatan untuk memancarkan sinar-Nya dan mengarahkan orang lain menuju Kerajaan-Nya. Ketika semua ini dikatakan dan dilaksanakan, tidak seorang pun akan memedulikan seberapa mahal kita menjual atau seberapa berhasilnya kita. Ini akan menjadi relasi yang kita bangun sepanjang kehidupan, yang benar-benar akan membuat suatu perbedaan.

Hidup tidak memiliki arti kecuali jika hidup memberikan pengaruh secara positif pada kehidupan orang lain. Pekerjaan kita semestinya terpusat pada mencari teman sebelum melakukan penjualan dan pada membuat suatu perbedaan sebelum menghasilkan keuntungan. "...kejarlah keadilan, kesetiaan, kasih dan damai bersama-sama dengan mereka yang berseru kepada Tuhan dengan hati yang murni" (2 Tim. 2:22). Ini bukanlah bisnis semata. Ini adalah soal membangun relasi, membuat suatu perbedaan, mengemban nilai, dan memberikan pengaruh secara positif pada kehidupan orang lain. Memahami, menghormati, dan menghargai orang lain akan membangun relasi yang loyal.

Pekerjaan kita semestinya terpusat pada mencari teman ... bukan sekadar suatu keuntungan.

Secara kebetulan, membangun relasi yang loyal tidak hanya menciptakan suatu perbedaan. Hal ini juga jauh lebih memberikan keuntungan daripada sekadar menghasilkan uang dengan cepat. Ketika kita membangun relasi yang loyal, kita tidak hanya mendapatkan imbalan untuk hari ini, tetapi membuka peluang untuk jangka panjang. Relasi jangka panjang selalu memiliki nilai lebih dibandingkan satu kali penjualan apa pun. Penjualan menghasilkan pemasukan untuk hari ini, tetapi relasi menjangkau jauh ke masa depan.

Bagian ini, "Prinsip Lima: Erat dalam Relasi", memfokuskan pada relasi dan memiliki perbedaan tipis dibanding bagian-bagian yang lain. Keempat bagian yang terdahulu dari buku ini sifatnya digerakkan oleh tindakan, sementara bagian ini mengenai hasil dari tindakan-tindakan yang dilakukan. Ketika kita melayani orang lain, memuliakan Allah, berkembang secara terus-menerus, dan menentukan arah ber-dasarkan nilai-nilai, hasilnya adalah bahwa kita akan erat dalam relasi. Relasi yang loyal merupakan produk dari tindakan mempraktikkan keempat prinsip SHINE yang pertama. Kita menjadi bersinar ketika kita menyatakan hati yang memiliki semangat pelayanan, jiwa yang penuh iman, pikiran yang memiliki kebajikan, dan kekuatan integritas. Ketika semua tindakan kita menyatakan nilai-nilai ini, kita memba-ngun relasi yang loyal dan mendapatkan rasa senang dan imbalan yang luar biasa dalam pekerjaan kita.

> *Setiap orang yang dikaruniai Allah kekayaan dan harta benda dan kuasa untuk menikmatinya, untuk menerima bahagiannya, dan un-tuk bersukacita dalam jerih payahnya—juga itu pun karunia Allah (Pkh. 5:18).*

REFERENSI VS REKOMENDASI

Referensi menjadi hal yang sangat diinginkan dalam dunia bisnis. Hal itu menyediakan cara yang paling cepat, paling mudah, dan paling murah untuk meraih peluang ke depan. Referensi benar-benar berni-lai karena mampu mengembangkan bisnis yang lebih banyak lagi. Secara pribadi, saya tidak begitu memedulikan soal referensi. Saya lebih memilih rekomendasi. Anda tahu, referensi tidaklah mencukupi sebagai suatu rekomendasi karena satu hal yang penting yang hilang: relasi. Perbedaan antara referensi dan rekomendasi adalah relasi. Anda mungkin mereferensikan seseorang yang pernah Anda dengar. Namun, Anda hanya akan merekomendasikan seseorang yang memiliki relasi dengan Anda. Suatu rekomendasi jauh lebih kuat daripada referensi karena sifatnya pribadi. Rekomendasi jauh melampaui suatu usulan, dan hal ini menjadi suatu pengesahan berdasarkan pengalaman dan relasi yang baik. Sebagai contoh, perhatikanlah perbedaan antara referensi, "Jika Anda membutuhkan mesin pemotong rumput, ada tempat di jalan sana yang menjualnya," dan rekomendasi ,"Jika Anda membutuhkan mesin pemotong rumput, pergilah ke Vermeer Southeast. Saya kenal mereka dan mereka akan melayani Anda dengan baik."

Referensi dapat terjadi secara kebetulan, tetapi rekomendasi tidak pernah kebetulan. Kita dapat meminta referensi dari seorang asing. Suatu rekomendasi, bagaimanapun juga, hanya dapat diberikan oleh orang yang mengenal kita. Dalam bisnis, beberapa hal sama bernilainya dengan rekomendasi. Kita dapat mengeluarkan sejumlah besar uang untuk iklan, promosi, dan pelatihan. Namun, jika kita tidak mampu membangun relasi yang mengupayakan rekomendasi, masa depan kita tidaklah aman. Itulah sebabnya pernyataan misi perusahaan saya secara strategis mencakup "mengusahakan rekomendasi melalui pelayanan dengan integritas." Rekomendasi sangatlah penting untuk mempertahankan keberhasilan dunia usaha apa pun.

Sebagai seorang karyawan, penghargaan lebih besar apakah yang dapat Anda terima dibandingkan sebuah rekomendasi? Saya tahu apa yang sedang Anda pikirkan: *Lebih banyak uang akan menjadi penghargaan yang cukup manis. Bukankah demikian?* Masalahnya adalah, terlalu banyak karyawan yang menentukan fokus mereka pada mencari lebih banyak uang daripada melakukan pekerjaan untuk mendapatkan rekomendasi. Pikirkan hal ini. Apa yang biasanya muncul lebih dahulu—rekomendasi atau penjualan, rekomendasi atau promosi, rekomendasi atau kenaikan upah? Ketika kita mengupayakan suatu rekomendasi, hal-hal baik akan menyertai. Dan, karena kita telah mengupayakan hal-hal baik, kita akan lebih menikmati apa yang kita kerjakan. Kita bersinar ketika, lebih dari sekadar mencari teman, kita memusatkan perhatian untuk membangun relasi yang loyal dan membuahkan rekomendasi. Suatu fokus untuk memenuhi kebutuhan-kebutuhan, untuk bekerja bersama, dan untuk saling menghargai satu sama lain membangun relasi yang loyal yang dapat berlangsung seumur hidup.

TRANSAKSI BESAR VS RELASI BESAR

Dalam dunia bisnis, kita sering kali menghadapi persaingan yang keras. Para kompetitor kita bisa saja memiliki tawaran harga yang lebih menarik, pemasaran yang lebih baik, dan mungkin, produk yang lebih unggul. Namun, mereka tidak pernah mampu menyingkirkan relasi yang kita bangun dengan pihak lain. Relasi yang loyal lebih bernilai daripada keistimewaan, manfaat, atau keuntungan apa pun.

Sering kali, ketika kita kalah dalam transaksi dari salah satu kompetitor kita, kita akan berusaha untuk mempermasalahkan harga atau produknya sebagai alasan hingga kita tidak memenangkan transaksi. Kita juga sering terlalu cepat untuk mencari alasan. Dalam kebanyakan kasus, pembuat perbedaan yang sebenarnya adalah kekuatan relasi antara *supplier* dan *customer*. Terlalu sering kita memfokuskan pada produk, harga, atau prosedur ketika kita semestinya memfokuskan pada manusianya. Ketika kita memusatkan perhatian kita pada penghasilan dan keuntungan, hal ini jarang mengantar pada terciptanya relasi. Bagaimanapun juga, fokus pada manusia dan relasi secara khas mengantar pada penghasilan yang terus meningkat dan keuntungan yang berkelanjutan.

**Fokuslah pada manusianya
lebih dari produk, harga, atau prosedur.**

Sering kali, karyawan berpindah pekerjaan untuk menghasilkan lebih banyak uang di suatu tempat lain. Kami pernah memiliki seorang karyawan muda berbakat yang meninggalkan organisasi kami untuk tawaran yang lebih baik dalam industri yang berbeda. Kami terkejut dan kecewa karena pribadi istimewa ini akan meninggalkan perusahaan kami hanya untuk bayaran yang sedikit lebih banyak di tempat lain. Pada akhirnya, kami memahami bahwa alasan yang sebenarnya dari kepindahan karyawan ini adalah relasi yang kaku dengan supervisornya yang terdahulu. Ia pergi karena ia tidak merasakan potensi dan kontribusinya dihargai oleh atasannya.

Dalam kenyataan, alasan utama sebagian besar karyawan meninggalkan suatu perusahaan bukanlah karena uang tetapi karena relasi. Saya sudah mendengar bahwa 70 persen lebih karyawan pindah kerja karena mereka tidak merasa dihargai oleh perusahaan yang mereka tinggalkan. Ketika relasi yang ada kuat:

- Karyawan merasa dihargai.
- Pekerjaan karyawan lebih bermanfaat.
- Kepuasan kerja karyawan melonjak.

Ingatlah selalu bahwa relasi sifatnya dua arah, memberi dan menerima. Apakah Anda seorang pengusaha atau seorang karyawan, Anda bertanggung jawab untuk mempertahankan relasi Anda. Masing-masing dari kita—dengan tidak memperhatikan kedudukan kita—

sudah seharusnya mengambil peranan dalam membangun relasi ke-percayaan. Seperti dikatakan John Maxwell, "Orang menghargai seorang pemimpin yang selalu mengingat-ingat perhatian mereka. Jika fokus Anda terletak pada apa yang dapat Anda berikan pada orang lain lebih dari apa yang dapat Anda peroleh dari mereka, mereka akan mencintai dan menghargai Anda—dan ini menciptakan landasan yang luar biasa untuk membangun relasi."[1]

Relasi yang loyal mendukung kerja tim, saling ketergantungan, dan kekuatan. Relasi memungkinkan kita untuk bekerja dalam situasi apa saja yang mungkin ada. Kita semua dikukuhkan dalam sinergi relasi kita:

> *Berdua lebih baik dari pada seorang diri, karena mereka menerima upah yang baik dalam jerih payah mereka. Karena kalau mereka jatuh, yang seorang mengangkat temannya, tetapi wai orang yang jatuh, yang tidak mempunyai orang lain untuk mengangkatnya! (Pkh. 4: 9-10).*

AGAMA VS RELASI

Orang lebih menikmati pekerjaan mereka ketika mereka memiliki relasi yang kuat dengan rekan-rekan kerja mereka. Itulah cara Allah menjadikan kita. Dia menciptakan kita untuk menikmati relasi satu dengan yang lain. Dia merancang kita untuk membangun relasi yang berlangsung sepanjang hayat dan berkelanjutan dalam keabadian. Sungguh, perbedaan besar antara agama Kristen dan agama-agama lain adalah bahwa kekristenan bukanlah persoalan agama. Ini adalah soal relasi. Kita diciptakan untuk memiliki relasi dengan Allah. Ke-nyataannya, hanya melalui relasi personal dengan Yesus Kristuslah kita menemukan arti kehidupan ini sebenarnya. Melalui relasi ini kita diteguhkan oleh Roh Kudus untuk melakukan hal-hal baik yang memuliakan Bapa kita di Surga. Melalui relasi kasih dengan Kristus inilah kita dipanggil untuk berbagi dengan orang lain. Kita tidak sekadar mereferensikan orang lain kepada Kristus karena kita pernah mendengar tentang Dia. Kita merekomendasikan-Nya kepada orang lain karena kita mengenal Dia, karena kita memercayai Dia, karena kita berharap kepada-Nya, dan karena kita menikmati relasi kasih dengan-Nya.

AMANAT AGUNG MEMANCARKAN SINAR

Ketika Cahaya Kristus bersinar dalam diri kita, orang lain akan diarahkan menuju cahaya itu. Kita seharusnya selalu dipersiapkan untuk menjelaskan sumber dari cahaya ini kepada orang lain. Kita bersinar ketika relasi kita dengan Kristus secara jelas dilihat dan dirasakan oleh orang-orang di sekitar kita. Yesus memanggil semua orang percaya untuk membagikan relasi ini dengan sesamanya.

> *Karena itu pergilah, jadikanlah semua bangsa murid-Ku dan baptislah mereka dalam nama Bapa dan Anak dan Roh Kudus, dan ajarlah mereka melakukan segala sesuatu yang telah Kuperintahkan kepadamu. Dan ketahuilah, Aku menyertai kamu senantiasa sampai kepada akhir zaman (Mat. 28:19–20).*

Ketahuilah bahwa semua aspek dari Amanat Agung tersebut berlaku terus-menerus dalam relasi yang berlangsung. Amanat Agung memanggil kita untuk membangun relasi yang loyal dengan orang lain, membawa mereka menuju relasi dengan Allah, tumbuh bersama dalam semangat ketekunan, dan berjalan bersama dalam semangat persahabatan dan ketaatan—semua hal yang mengalir dari relasi kita dengan Allah yang hidup di dalam diri kita.

S – Setia melayani sesama. "Pergilah dan jadikanlah semua bangsa muridKu ..." (Mat. 28:19a).

H – Hormati Allah. "... Baptislah mereka dalam nama Bapa dan Anak dan Roh Kudus" (Mat. 28:19b).

I – Izinkan pertumbuhan yang berkesinambungan. "Ajarlah mereka ..." (Mat. 28:20a)

N – Nilai sebagai acuan. "... melakukan segala sesuatu yang telah Kuperintahkan kepadamu" (Mat. 28:20b).

E – Erat dalam relasi. "Dan ketahuilah, Aku menyertai kamu senantiasa sampai kepada akhir zaman" (Mat.28:20c).

Cara yang paling efektif untuk membagikan relasi kita di dalam Kristus adalah dengan membangun relasi dengan sesama. Relasi yang loyal dibangun di atas tanggapan positif untuk pertanyaan-pertanyaan berikut:

- *Dapatkah saya memercayai Anda?* (Iman)
- *Dapatkah saya menaruh harapan pada Anda?* (Harapan)
- *Apakah Anda memedulikan saya?* (Kasih)

Jawaban untuk pertanyaan-pertanyaan ini mengungkap banyak hal mengenai seorang pribadi. Dari sudut pandang pekerjaan, para karyawan yang dapat dipercaya, yang dapat diharapkan untuk melakukan pekerjaan dengan istimewa, dan yang memperhatikan orang lain akan selalu mendapatkan rekomendasi. Hal yang lebih baik, ketika kehidupan kita menyatakan iman, harapan dan kasih, kita unggul dalam relasi yang membawa pengaruh internal. Pendeta saya sering kali menyebutkan bahwa hanya ada tiga hal yang dapat kita bawa ke Surga: iman kita, keluarga kita, dan teman kita. Ini sejalan dengan alasan bahwa kita semestinya hidup terpusat pada ketiga hal ini, mengembangkan relasi yang menghadirkan, mencerminkan, dan mewartakan Kerajaan Allah untuk sekarang dan selama-lamanya.

Catatan akhir

1. Maxwell, *The 21 Indispensable Qualities of A Leader*, (Nashville, TN: Thomas Nelason, 1999), 108.

BAB 18

Bersinar dengan Kredibilitas

DAPATKAH SAYA MEMERCAYAI ANDA?

*Usahakanlah supaya engkau layak di hadapan Allah
sebagai seorang pekerja yang tidak usah malu,
yang berterus terang memberitakan perkataan kebenaran itu.*

(2 Tim. 2:15)

Beberapa waktu yang lalu, saya membagikan kesaksian saya menge-
nai hal yang dianggap sebagai lingkungan yang paling berat un-
tuk dilakukan: sebuah ruangan yang penuh dengan teman-teman se-
baya saya. Saya berbicara di hadapan kelompok ini ketika saya selesai
menjalani masa dua tahun melayani sebagai ketua asosiasi *dealer* kami.
Ruangan tersebut dipenuhi oleh rekan-rekan *dealer* peralatan, manajer
bisnis, jajaran eksekutif perusahaan, para pedagang besar, dan suami/
istri mereka untuk perjamuan pada pertemuan tahunan kami. Ketika
acara mulai mendekati akhir, tibalah waktu bagi saya untuk menyerah-
kan tongkat kepemimpinan kepada ketua yang baru. Ketika saya me-
lakukannya, saya berhenti cukup lama dalam kecanggungan. Kesenyap-
an memenuhi ruangan ketika saya, memikirkan tindakan saya berikut-
nya, berdiri diam.

Sebagian dari orang-orang yang hadir telah mengenal saya sepanjang karier saya. Mereka sudah mengenal pemuda sombong yang hanya memberikan perhatian pada bermain golf dan bersenang-senang. Mereka tentu akan mengingat orang yang suka mencari perhatian, yang sering kali bertindak terlalu jauh untuk membuktikan bahwa dirinya berharga. Namun, yang lainnya hanya mengenal saya sebagai pemimpin yang percaya diri, yang telah memberikan hal terbaik untuk melayani asosiasi ini selama beberapa tahun terakhir. Langkah aman yang saya ambil adalah memperkenalkan ketua yang baru dan dengan tenang duduk di kursi saya.

Tiba-tiba, kata-kata, "Sebelum saya duduk, saya masih memiliki satu hal lagi untuk dibagikan dengan Anda," keluar dari mulut saya. Tidak ada waktu lagi untuk kembali sekarang karena semua mata di ruangan itu tertuju pada saya. "Beberapa tahun yang lalu, saya menyadari betapa kacaunya hidup saya. Saya mengalami satu kehidupan di tempat kerja, suatu kehidupan lain di rumah, dan satunya lagi di gereja pada akhir pekan. Kemudian, dalam salah satu kesempatan yang menentukan itu, melewatkan waktu sendirian bersama pencipta saya, Allah menyatakan kebenaran yang mendalam. Saya hanya menerima satu kehidupan untuk dijalani dan saya perlu untuk menjalaninya secara konsisten dengan visi baru, visi untuk hidup yang sepenuhnya tertuju pada kemuliaan Allah dalam segala hal yang saya lakukan," kata saya.

Saya terus memberikan penjelasan bagaimana visi tersebut menjadikan kami mampu termotivasi oleh hendak menjadi siapa diri kami, bukannya terjegal oleh masa lalu kami atau situasi sekarang ini. Saya kemudian membagikan mereka prinsip-prinsip dan nilai-nilai dari visi SHINE serta mendorong mereka untuk mengupayakan hal yang sama. Akhirnya, saya menyerahkan tongkat kepemimpinan kepada ketua kami yang baru. Setelah sambutan yang menarik darinya—yang berkenaan dengan kepemimpinan saya—saya duduk.

Saya melihat air mata mengalir dari mata istri saya ketika ia menyampaikan kata-kata ini, "Aku bangga kepadamu." Ketika saya perhatikan, saya terkejut melihat semua hadirin berdiri dan memberikan tepuk tangan. Pada saat itulah saya sepenuhnya memahami makna sebenarnya dari visi SHINE. Entah mereka memahaminya atau tidak, tepuk tangan mereka jelas bukan untuk saya. Pujian dan penghargaan mereka tidaklah diberikan untuk pekerjaan baik yang telah saya lakukan, tetapi untuk kemuliaan Bapa saya di Surga. Dia telah memberi saya kepercayaan untuk memancarkan sinar.

> *Begitu juga terangmu harus bersinar di hadapan orang, supaya mereka melihat perbuatan-perbuatanmu yang baik, lalu memuji Bapamu di surga (Mat. 5:16, BIS-LAI).*

LAKUKAN APA YANG ANDA KATAKAN

Tanda pertama dari kredibilitas dicanangkan ketika kita berbuat sesuai janji-janji kita. Ini dinyatakan ketika tindakan-tindakan kita sesuai dengan perkataan kita. Hal ini ditemukan dalam pelaksanaan apa yang kita katakan akan kita kerjakan. Kepercayaan muncul di atas fondasi kejujuran yang kokoh. Resume pribadi, misalnya, bisa jadi kurang dalam hal kredibilitas. Para pengusaha, seberapa sering Anda melihat kembali catatan seorang karyawan dan mengharapkan bahwa karyawan tersebut melakukan tindakan sesuai dengan yang dikatakan? Sering kali, dalam resume atau dalam wawancara pekerjaan, orang berusaha membuat diri mereka kelihatan lebih baik daripada yang sebenarnya. Ketika ini masalahnya, keseluruhan proses kerja mulai dengan kekurangan dalam hal kredibilitas. Proses tersebut mengalami kegagalan bahkan sebelum dimulai.

Para karyawan (atau pencari kerja), izinkan saya untuk memberikan dorongan kepada Anda untuk membaca dengan cermat resume terbaru yang Anda miliki. Apakah catatan itu cukup memberikan gambaran siapa Anda sebenarnya dan apa yang Anda kerjakan? Atau apakah itu dirancang untuk menjadikan Anda tampak lebih baik daripada apa yang ditunjukkan catatan pekerjaan Anda? Jika hal terakhir yang terjadi, Anda memiliki pilihan. Anda dapat mengubah resume Anda dan menjadikannya sesuai dengan performa Anda yang sebenarnya, atau Anda dapat memperbaiki performa kerja Anda dan mulai melakukan apa yang dikatakan dalam resume mengenai hal-hal yang akan Anda kerjakan. Itulah kredibilitas.

Para pengusaha, apakah Anda menyediakan segala sesuatu yang pernah Anda janjikan kepada para karyawan Anda? Bagaimana halnya dengan para pelanggan? Apakah bisnis Anda berusaha untuk berjalan sesuai dengan cita-citanya?

Kredibilitas adalah melaksanakan apa yang Anda katakan akan Anda lakukan, sesuai dengan yang Anda katakan tentang siapa diri Anda yang sebenarnya. Alkitab mendesak kita: "Jadilah teladan bagi orang-orang percaya, dalam perkataanmu, dalam tingkah lakumu, dalam kasihmu, dalam kesetiaanmu dan dalam kesucianmu." (1 Tim. 4:12).

LAKUKAN APA YANG SEHARUSNYA ANDA LAKUKAN

Kredibilitas memerlukan waktu. Kredibilitas dikembangkan melalui catatan keberhasilan pekerjaan yang masih berlangsung. Para pekerja yang dapat dipercaya membayar tagihan mereka tepat waktu dan bertindak sesuai dengan ketentuan. Para pekerja yang dapat dipercaya melaksanakan pekerjaan dengan baik. Mereka tidak mencari-cari alasan tetapi selalu memenuhi atau bahkan melampaui apa yang diharapkan. Mereka tanggap, memenuhi tenggat waktu, dan dapat diharapkan kapan saja. Mereka bukan penggerutu atau senang mengeluh. Sebaliknya, mereka memperlihatkan keinginan untuk meneladan Kristus dengan kata-kata dan tindakan-tindakan positif. Mereka tidak tunduk pada emosi atau membuat keputusan atas dasar popularitas.

Jadi bagaimana sekarang: adakah kucari kesukaan manusia atau kesukaan Allah? Adakah kucoba berkenan kepada manusia? Sekiranya aku masih mau mencoba berkenan kepada manusia, maka aku bukanlah hamba Kristus (Gal. 1:10).

Keputusan yang dapat dipertanggungjawabkan didasarkan pada memilih apa yang benar dibandingkan apa yang lebih disukai. Kredibilitas selalu berpihak pada keyakinan dan cita-cita dalam segala situasi dengan memilih jalan Allah, terutama ketika ada tekanan. Melayani Kristus dengan bekerja bagi-Nya mungkin tidak selalu disukai, tetapi tindakan ini selalu benar. Orang Kristen menyatakan kredibilitasnya ketika pekerjaan mereka mencerminkan kesaksian untuk Yesus Kristus. Charles Swindoll mengatakan:

Platform terbaik di mana kita dapat membangun kekristenan dalam pekerjaan terletak pada enam pilar yang tak tergoyahkan: integritas, keyakinan, tepat waktu, kecakapan kerja yang berkualitas, sikap yang menyenangkan, dan semangat yang besar. Pekerjakanlah orang dengan kualitas ini dan hanya akan menjadi soal waktu sebelum bisnis berkembang ... orang-orang akan menjadi terkesan ... dan kekristenan pun akan terlihat penting.[1]

Kepercayaan dengan jelas ditemukan dalam Firman Allah. Setia pada Firman Allah membuahkan hasil yang berlimpah: "Yang jatuh di tanah yang baik itu ialah orang, yang setelah mendengar firman itu, menyimpannya dalam hati yang baik dan mengeluarkan buah dalam ketekunan" (Luk. 8:15). Benih itu selalu baik karena benih itu adalah Firman kebenaran, dan benih itu membawa kekuatan yang tak terbatas. Hanyalah tanah, di mana benih itu ditabur, yang berbeda. Tanah, yang adalah karakter kita, menentukan panenan yang kita hasilkan. Melalui kepercayaan pada Firman Allah, kita menghasilkan panenan yang jauh melebihi segala impian kita—panenan yang menghasilkan pekerjaan-pekerjaan baik yang memuliakan Bapa kita di Surga.

LAKUKAN DENGAN BAIK

Kredibilitas juga dibangun ketika Anda melakukan pekerjaan Anda dengan baik. Semakin bertambah pengetahuan Anda dalam bidang yang Anda jalani, Anda semakin dapat dipercaya.

- Berusahalah untuk menjadi seorang ahli yang mengenal pekerjaan Anda dengan baik.
- Berusahalah menjadi orang yang menjadi tempat orang lain mencari jawaban atas persoalan mereka.
- Berusahalah untuk menjadi seseorang yang selalu melaksanakan pekerjaan dengan istimewa.
- Berusahalah menjadi seorang penyemangat yang selalu memusatkan perhatian pada relasi.

Berusaha dengan cara-cara ini akan membantu Anda untuk mengembangkan kredibilitas yang luar biasa sambil mengusahakan pengakuan yang Anda perjuangkan atau yang berhubungan dengan Anda. Bagaimanapun juga, rekomendasi dapat datang dari siapa saja yang memiliki relasi positif.

Beberapa tahun yang lalu, perusahaan kami membeli sistem pembersih dengan tekanan udara dari *vendor* khusus. Setelah bertahun-tahun, kami juga membeli barang-barang lain dari *supplier* ini. Pada kunjungan belum lama ini, perwakilan dari *vendor* ini menanyakan apakah kami telah menjual sebuah mesin baru kepada seorang pelanggan tertentu. Memang kami telah melakukannya. Hal ini membuat senang karyawan penjualan itu, yang dengan gembira menyatakan bahwa ia belum lama ini merekomendasikan perusahaan kami kepada pelanggan tadi. Ia menjelaskan bahwa selama bertahun-tahun ia mengagumi cara perusahaan kami menjalankan bisnis. Pengalamannya adalah satu hal di mana kami selalu melakukan sesuai dengan apa yang kami katakan akan kami lakukan—membayar tagihan-tagihan kami pada waktunya, memperlakukannya dengan hormat, dan selalu bekerja bersama untuk menyelesaikan persoalan-persoalan yang dihadapi. Ia juga menyatakan bahwa beberapa tahun yang lalu, salah satu pesaing kami juga membeli beberapa peralatan darinya. Namun, hubungannya dengan mereka sangat berbeda.

Pesaing kami sering kali berseberangan, kasar dalam kata-kata, dan terlambat membayar tagihan-tagihan mereka. Seiring berjalannya waktu, kepercayaan kami pada *vendor* ini mengembangkan relasi yang menyenangkan. Karyawan penjualan itu terus menjelaskan bahwa, karena relasi ini, ia telah merekomendasikan perusahaan kami selama lebih dari 20 tahun kepada semua pelanggan yang ia ketahui dalam industri kami. Siapa yang mengetahui banyaknya penjualan yang berhubungan dengan rekomendasi dari *supplier* ini? Karena kredibilitas, ia cukup memercayai kami untuk memberitahukan kepada orang lain mengenai relasi kami.

SHINE MENYATAKAN KREDIBILITAS

Kredibilitas menarik perhatian orang lain. Orang menghargai, mendengarkan, dan memercayai orang-orang yang sudah membuktikan kredibilitas mereka. Relasi yang loyal didirikan di atas kekuatan kredibilitas. Ketika Kristus bersinar dalam diri kita, kredibilitas adalah hasilnya.

S – Setia melayani sesama. Hati yang melayani memuliakan Allah dengan cara membantu orang lain. *Kerendahan hati* menempatkan orang lain di depan. Jika kita hanya memperhatikan diri kita dan agenda kita sendiri, orang lain mengetahuinya. Dengan menyingkirkan ego dan apa yang dianggap sebagai hak-hak kita, kita mampu memetik kebahagiaan dan kekuatan untuk mengembangkan kredibilitas. Salah satu cara tercepat untuk kehilangan kredibilitas adalah dengan sikap mementingkan diri sendiri. Sebaliknya, ketika dorongan-dorongan yang kita miliki terpusat pada orang lain daripada terhadap diri kita sendiri, kita memperoleh kredibilitas. Bangunlah kredibilitas dengan melayani orang lain.

H – Hormati Allah. Jiwa yang penuh dengan keyakinan menaati kehendak Allah. *Kepercayaan* bergantung kepada-Nya. Dengan percaya kepada Allah, menaati Firman-Nya, dan menyerahkan apa yang kita hasilkan kepada-Nya, kita menghasilkan kepercayaan dari orang-orang di sekitar kita. Fokus pada mengikuti kehendak Allah dan dengan yakin mengusahakan kehendak-Nya memberikan kepada kita motivasi, arah, dan kredibilitas yang kuat. Bangunlah kredibilitas dengan memuliakan Allah.

I – Izinkan pertumbuhan yang berkesinambungan. Pikiran yang memiliki kebajikan mengejar visi Allah. *Kecakapan* membubung dengan kekuatan-kekuatan kita. Kurang dalam hal kecakapan membawa kita pada performa kerja yang buruk dan suka beralasan, yang menghancurkan kredibilitas. Membubungnya kekuatan kita dan cara kita mengelola kelemahan, membuat kecakapan kita berkembang, memungkinkan kita mengalahkan kepuasan dengan diri sendiri dan mengatasi *status quo*. Ketika kita mengejar visi Allah, kita berkembang menjadi apa yang Allah ciptakan bagi kita. Kemampuan mengha-

188

silkan kredibilitas. Bangunlah kredibilitas dengan berkembang secara terus-menerus.

N – Nilai sebagai acuan. Kekuatan integritas muncul di atas dasar nilai-nilai ilahi. *Kejelasan* ditemukan dalam pengenalan akan nilai-nilai yang kita miliki. Tanpa nilai-nilai yang dinyatakan dengan jelas, kita akan mudah keluar jalur. Kurangnya nilai-nilai membuka jalan bagi kompromi, kurangnya keyakinan, dan kemerosotan kredibilitas. Nilai-nilai yang jelas membantu kita menentukan keputusan-keputusan yang jelas secara personal, profesional, dan korporat. Nilai-nilai integritas menjaga kita tetap pada jalur yang benar dan menyatakan kredibilitas. Bangunlah kredibilitas dengan menentukan arah berdasarkan nilai-nilai kita.

E – Erat dalam relasi. Relasi yang loyal mengalir dari kasih Allah. *Kredibilitas* dinyatakan melalui kerendahan hati, kepercayaan, kecakapan, dan kejelasan. Ketika kita menempatkan kepentingan orang lain di atas kepentingan kita, bergantung kepada-Nya, membubung dengan kekuatan, dan mengenali nilai-nilai kita, kredibilitas dihasilkan. Bangunlah kredibilitas dengan menjadi erat dalam relasi. Kredibilitas mengembangkan relasi yang loyal dengan memberikan jawaban secara positif atas pertanyaan: "Dapatkah saya mengandalkan Anda?"

Catatan akhir

1.   Charles Swindoll, *Growing Strong in the Seasons of Life* (Portland, OR: Multnomah Press, 1983), 58.

BAB 19

Bersinar dengan Ketekunan

DAPATKAH SAYA BERHARAP PADA ANDA?

Saudara-saudaraku, anggaplah sebagai suatu kebahagiaan,
apabila kamu jatuh ke dalam berbagai-bagai pencobaan,
sebab kamu tahu, bahwa ujian terhadap imanmu itu
menghasilkan ketekunan.
Dan biarkanlah ketekunan itu memperoleh buah yang matang,
supaya kamu menjadi sempurna dan utuh
dan tak kekurangan suatu apa pun.

(Yak. 1:2-4)

Setelah sekian tahun memberikan pelayanan yang baik kepada atasannya, seorang tukang kayu yang sudah tua duduk di kantor kontraktor untuk menyampaikan berita bahwa mereka sama-sama tahu hal yang tidak dapat dihindarkan. "Sekalipun saya mencintai pekerjaan saya, bos, saya tidak dapat bekerja lagi," kata lelaki tua itu. "Tulang-tulang saya terasa nyeri, dan saya membutuhkan istirahat. Tolong terimalah pengunduran diri saya."

"Apa yang akan Anda lakukan kemudian? Bagaimana Anda akan menghidupi keluarga Anda?"

"Kami akan melewatinya. Kami tidak memiliki banyak uang, tetapi hidup kami juga tidak akan lama lagi. Istri saya dan saya membutuhkan sedikit waktu luang bersama untuk merasakan kegembiraan dengan anak-anak dan cucu-cucu kami."

"Saya sedih melihat Anda pergi, tetapi saya mengerti. Namun, bolehkah saya meminta satu hal lagi dari Anda?"

"Boleh, bos."

"Saya ingin Anda membantu saya untuk membangun satu rumah lagi."

Tukang kayu tua itu tidak mengharapkan permintaan yang sedemikian besar, tetapi apa yang dapat ia kerjakan? Ia sepakat untuk menyelesaikan satu pekerjaan terakhir, tetapi ia pulang dan mengeluh kepada istrinya. "Saya sudah mengerjakan begitu banyak hal. Saya tidak percaya ia menginginkan lebih banyak lagi dari saya."

Si kontraktor tidak datang untuk memeriksa pekerjaan lelaki tua itu selama keseluruhan proses, dan pekerja itu gembira. Hatinya jelas-jelas tidak ada dalam pekerjaannya—ia hanya ingin pekerjaannya selesai—dan ia memakai cara kerja yang buruk, menggunakan material apa saja yang ada, tidak peduli betapa pun rendah mutunya. Ketika tukang kayu itu menyelesaikan pekerjaannya, si kontraktor akhirnya datang untuk memeriksa rumah tersebut. Atasannya itu tidak memberikan komentar sedikit pun atas kualitas kerjanya. Namun, ia bertanya, "Adakah hal lainnya yang dapat kita kerjakan pada rumah ini sebelum kita menyebut pekerjaan ini telah selesai? Apakah Anda berpikir kita seharusnya menyertakan rak-rak buku rakitan atau menggantikan pintu kayu pinus dengan kayu *cherry*? Adakah hal lain yang Anda sarankan untuk menyelesaikan rumah ini sebelum kita menyerahkan kunci kepada pemilik rumah?"

Tukang kayu itu melihat sekelilingnya dan menemukan banyak hal yang dapat ia kerjakan untuk membuat sebuah rumah yang baik, tetapi ia sudah lelah dan kehabisan energi. "Saya kira ini sudah baik, bos," begitu jawabnya.

"Baiklah," kata si kontraktor. Ia menyerahkan kunci pintu depan kepada tukang kayu itu. "Ini rumah Anda," katanya, "hadiah dari saya untuk Anda."

Demikianlah yang terjadi dengan diri kita. Kita membiarkan kewaspadaan kita naik-turun. Kita membangun kehidupan kita dengan cara yang menyimpang—memberikan reaksi daripada beraksi, senang membangun dengan kualitas lebih rendah daripada dengan yang terbaik yang kita mampu. Pada saat-saat penting, kita memutuskan untuk berhenti dan tidak memberikan usaha yang maksimal. Kemudian, dengan terkejut, kita melihat situasi yang kita ciptakan dan menemukan bahwa kita sekarang hidup dalam rumah yang telah kita bangun. Jika saja kita menyadari sebelumnya, kita pasti akan mengerjakannya secara berbeda.

TEKANKAN

Allah mempersiapkan kita untuk sesuatu yang luar biasa, sesuatu yang jauh melampaui apa yang mampu kita harapkan atau kita bayangkan. Mahkota, rumah, dan harta surgawi menanti mereka yang menaruh kepercayaan kepada-Nya. Karena rahmat-Nya, masa depan kita ditentukan. Namun, janganlah kita melupakan saat ini. Begitu banyak orang percaya terfokus pada hari esok sehingga mereka kehilangan kesempatan untuk menghadirkan Kerajaan-Nya di sini dan sekarang ini. Dengan masa depan yang sedemikian terang, bagaimana mungkin kita dapat membiarkan "perbuatan yang buruk" menentukan pekerjaan kita hari ini? Pekerjaan kita adalah sarana untuk menghadirkan Kerajaan Allah. Jangan pernah melupakan tanggung jawab kita untuk memancarkan sinar setiap hari dalam pekerjaan yang kita lakukan sehingga kita menghadirkan Dia sekarang dan untuk selamanya. Dalam *A Life God Rewards*, Bruce Wilkinson mengatakan bahwa ada hubungan langsung antara apa yang kita kerjakan di dunia dan apa yang akan Allah lakukan bagi kita di Surga.

> *Keputusan-keputusan yang sederhana, seperti bagaimana Anda menggunakan waktu dan uang Anda, akan menjadi kesempatan untuk kehendak yang luar biasa. Dan Anda akan mulai hidup dengan kepastian yang tidak tergoyahkan bahwa segala sesuatu yang Anda kerjakan hari ini sangat berarti untuk selamanya.[1]*

Kita dipanggil untuk memberikan penekanan.

Jangan pernah lupakan: Ketika kita menerima Kristus sebagai Tuhan, dengan sendirinya kita menjadi bagian dari Kerajaan-Nya. Ini bukanlah sekadar Kerajaan masa depan, tetapi kerajaan yang sungguh hadir saat ini dan benar-benar nyata–tepat di mana kita berada. Kerajaan-Nya hadir dan tumbuh subur dalam keluarga kita, di tempat kerja kita, dan di dunia sekitar kita. Hal-hal yang kita kerjakan sekarang ini demi menghadirkan Raja Kekal yang mempersiapkan kita untuk memperoleh upah dan berkat abadi bagi masa depan kita yang kekal. Kita dipanggil untuk tetap bertekun sebagaimana Allah mengembangkan Kerajaan-Nya melalui kita untuk seluruh keabadian.

TETAPLAH TEGUH DALAM PENCOBAAN

Segala sesuatu yang kita dengar dan bayangkan tentang Surga dan Kerajaan Allah yang abadi tampak begitu sempurna. Sebaliknya, kehidupan kita sehari-hari dapat dipenuhi dengan begitu banyak tantangan dan kesulitan. Di setiap sudut perjalanan kita ada masalah, cobaan, dan hambatan yang tak terhitung. Kehidupan kita dalam pekerjaan tidaklah berbeda. Memilih untuk mencari kehidupan kerja yang bersinar tidak berarti bahwa segala sesuatu akan menjadi mudah. Berbagai cobaan akan datang dalam pekerjaan kita karena komitmen kita untuk Kerajaan-Nya dan bahkan karena komitmen kita untuk menjadi terang. Kita dapat menaruh harapan pada hal itu.

Kita sering kali tersandung dan melakukan kesalahan. Saya benci untuk mengakui betapa seringnya saya menjadi berkecil hati ketika perusahaan saya dan saya mengecewakan visi kami untuk bersinar dengan kebajikan. Suatu hari, jelas terlihat kami melakukan hal yang bertentangan dengan apa yang menjadi panggilan visi kami. Hari lainnya, kelihatannya masalah seperti bertubi-tubi menghampiri kita. Kita sering kali mengalami kegagalan untuk menghadirkan visi kita. Namun, kita dipanggil untuk tetap bertekun.

Kita tidak dapat menghindari cobaan, kegagalan, dan masalah, tetapi kita dapat memilih tanggapan kita terhadap semua itu. Kita dapat memutuskan untuk larut dalam berbagai masalah kita. Kita dapat mengabaikannya dan lari dari itu semua. Kita dapat berhenti dan menyerah pada kegagalan-kegagalan kita. Di sisi lain, kita dapat memilih memercayai Allah untuk mendewasakan kita, menjadikan kita utuh, dan mengarahkan kita untuk setia dalam ketekunan dan melewati berbagai cobaan yang kita hadapi. Kita dapat bangkit dan maju, bukannya menyerah pada kegagalan-kegagalan kita tetapi terinspirasi untuk berkembang dari kegagalan. Belajar untuk bertahan dan mengatasi adalah tuntutan yang tidak dapat disangkal dari rencana Allah bagi mereka yang menghadirkan Kerajaan-Nya.

Kita malah bermegah juga dalam kesengsaraan kita, karena kita tahu, bahwa kesengsaraan itu menimbulkan ketekunan, dan ketekunan menimbulkan tahan uji dan tahan uji menimbulkan pengharapan (Rm. 5:3–4).

Ketika kita bermegah dalam keselamatan kita, masalah-masalah kita akan terlihat begitu kecil. Ketekunan yang luar biasa ditemukan dalam pengetahuan bahwa Allah selalu memenuhi janji-Nya. Ketika kita memercayai-Nya, Dia menggunakan berbagai cobaan untuk menguatkan ketetapan hati, karakter, dan relasi kita dengan-Nya.

JANGAN PERNAH MENYERAH

Sebuah kisah luar biasa tentang ketekunan—tidak pernah putus asa—datang dari salah satu perwakilan utama bagian penjualan yang kami miliki. Ia pernah berusaha selama berbulan-bulan untuk bertemu dengan direktur dari sebuah perusahaan yang sangat kuat untuk memperlihatkan salah satu produk baru peralatan kami. Masalah yang terjadi adalah bahwa pelanggan khusus ini pernah mengalami masalah dengan salah satu mesin kami beberapa tahun sebelumnya dan tidak memiliki keinginan lagi untuk mempertimbangkan kami untuk pembelian selanjutnya. Perwakilan kami dengan tekun mengusahakan peluang ini melalui pembicaraan telepon, kunjungan pribadi, permintaan maaf, permohonan, dan apa saja yang dapat dilakukannya. Namun, semuanya tidak membawa hasil apa pun. Pelanggan tersebut bahkan menolak permintaan hanya untuk sekadar melihat peralatan yang kami miliki.

Mendengar kabar bahwa perusahaan itu telah memberikan pesanan pada pesaing kami untuk sebuah peralatan baru, perwakilan bagian penjualan perusahaan kami memutuskan untuk mencoba sekali lagi. Ia bangun pagi-pagi benar, membawa sebuah mesin baru, dan memarkirnya di tempat parkir khusus untuk direktur perusahaan itu. *"Saya tidak akan kehilangan apa pun dengan memaksanya melihatnya,"* demikian pikirnya. Dengan tindakan yang penuh keyakinan dan ketekunan inilah perwakilan bagian penjualan perusahaan kami bertemu dengan direktur perusahaan itu. Kisah itu memiliki akhir yang menyenangkan. Pelanggan itu membatalkan pesanannya dengan pesaing kami dan membeli mesin dari kami. Alasannya? Pelanggan tersebut menyadari bahwa ia bisa bergantung pada ketekunan karyawan kami, yang tidak memedulikan tantangan, dan tetap berada di sana untuknya.

HADAPILAH PERTEMPURAN YANG BAIK

Ketekunan adalah kepercayaan dan tindakan yang teguh dan berkelanjutan meskipun ada kesulitan maupun hambatan. Orang yang tekun adalah mereka yang konsisten dan bisa dipercayai dalam tindakan-tindakan mereka. Mereka tidak berpaling atau lari ketika berbagai hal menjadi sulit. Namun, mereka memutuskan untuk berusaha melewati situasi yang menantang. Apakah Anda menghadapi tantangan dalam hidup Anda sekarang ini? Buatlah daftar tantangan terbesar yang Anda hadapi di sini:

- _____
- _____
- _____
- _____

Alih-alih bertanya *mengapa*, cobalah menanyakan *apa*. Karena ini berkaitan dengan cobaan, alih-alih terus-menerus bertanya *mengapa saya*, tanyakanlah kepada Allah, "Apa yang ingin Engkau ajarkan kepada saya melalui cobaan-cobaan ini?" Saat Anda mengadapi kesengsaraan, pertimbangkan apa yang mungkin hendak Allah ajarkan kepada Anda ketika Dia menggunakan kesulitan-kesulitan itu untuk menguatkan karakter Anda.

Orang-orang yang tekun melewati kesulitan akan memperoleh rekomendasi atas ketekunan dan kemampuan mereka untuk dipercaya. Persahabatan sejati tumbuh dalam masa-masa penuh cobaan. Kita semua harus menghadapi cobaan-cobaan kita sendiri. Allah, bagaimanapun juga, dapat menggunakan cobaan-cobaan ini untuk mengembangkan relasi kita dengan orang lain dan dengan diri-Nya. Dalam masa-masa penuh perjuangan inilah kita belajar dan berkembang secara maksimal. Ketekunan membuat kita terus bergerak menuju janji Allah. Janji-Nya memberikan kita harapan dan masa depan. Janji-Nya mendorong kita untuk memberikan yang terbaik yang kita miliki, tanpa memedulikan bagaimana perasaan kita dan situasi di sekitar kita.

Alkitab meneguhkan kita untuk berjalan terus dan menjaga iman kita. Janji Allah memberikan kepada orang-orang yang percaya hasil abadi yang menyenangkan untuk setiap kisah hidup kita. Apa yang benar-benar berarti dalam gambaran besar itu adalah relasi kita dengan-Nya. Bagi mereka yang tetap percaya pada relasi itu dan mencapai garis akhir dengan setia, buah dari ketekunan itu telah menanti.

Aku telah mengakhiri pertandingan yang baik, aku telah mencapai garis akhir dan aku telah memelihara iman. Sekarang telah tersedia bagiku mahkota kebenaran yang akan dikaruniakan kepadaku oleh Tuhan, Hakim yang adil, pada hari-Nya; tetapi bukan hanya kepadaku, melainkan juga kepada semua orang yang merindukan kedatangan-Nya (2 Tim. 4:7–8).

SHINE MEMPERLIHATKAN KETEKUNAN

Ketekunan adalah karakteristik yang sangat didambakan yang menarik perhatian orang. Kita semua senang mendengar kisah-kisah mengenai ketekunan berkelanjutan yang mencapai puncaknya dengan imbalan luar biasa pada akhirnya. Melalui Kristus, ketekunan kita akan mengarah pada suatu kisah hidup yang berujung dengan imbalan yang luar biasa. Ketika Kristus bersinar di dalam diri kita, ketekunan adalah hasilnya.

S–Setia melayani sesama. Hati dengan semangat pelayanan memuliakan Allah dengan membantu orang lain. *Kemurahan hati* melampaui segala pengharapan. Dengan menempuh jarak yang lebih jauh, melayani Tuhan dengan sepenuh hati, dan bekerja dengan semangat yang luar biasa, kita mengembangkan momentum yang kita perlukan untuk terus mengarah pada janji Allah. Momentum tidak dihentikan dengan mudah. Ketika momentum kita kuat, cobaan dan godaan dengan mudah diatasi. Kembangkanlah ketekunan dengan melayani orang lain.

H–Hormati Allah. Jiwa yang penuh dengan keyakinan menaati kehendak Allah. *Pekerjaan melayani* yang kita lakukan melayani Dia. Dengan memasrahkan diri kepada-Nya, menempatkan prioritas kita pada-Nya, dan menentukan perspektif bahwa segala sesuatu adalah milik-Nya, kita menjadi dikuatkan oleh-Nya. Ketika Allah berkarya di dalam diri kita, kita dapat mengandalkan kekuatan-Nya untuk tetap bertekun melalui semua tantangan hidup. Kembangkanlah ketekunan dengan memuliakan Allah.

I–Izinkan pertumbuhan yang berkesinambungan. Pikiran yang memiliki kebajikan mengejar visi Allah. *Keberanian* menentukan tindakan. Dengan menghadapi ketakutan-ketakutan kita, memandang ke depan, dan mengambil tindakan, kita mengatasi segala hambatan yang mengikuti langkah kita. Keberanian mendorong kita untuk terus menjadi lebih baik, tidak pernah menyerah, dan menyelesaikan masalah dengan mantap. Kembangkanlah ketekunan dengan berkembang secara terus-menerus.

N–Nilai sebagai acuan. Kekuatan integritas muncul di atas dasar nilai-nilai ilahi. *Keyakinan* ditemukan dalam kepercayaan akan nilai-nilai kita. Nilai-nilai meletakkan landasan yang kuat, menentukan standar, dan memberikan rasa aman yang kita perlukan untuk melakukan pekerjaan-pekerjaan baik. Keyakinan memberikan inspirasi kepada kita untuk menghadapi pertempuran yang baik, menyelesaikan perlombaan, dan berlari untuk menang. Kembangkanlah ketekunan dengan menentukan arah berdasarkan nilai-nilai.

E–Erat dalam relasi. Relasi yang loyal mengalir dari kasih Allah. *Ketekunan* dinyatakan melalui kemurahan hati, pekerjaan melayani, keberanian, dan keyakinan. Ketika kita melampaui segala pengharapan, melayani-Nya, mengambil tindakan, dan meyakini nilai-nilai kita, ketekunan dihasilkan. Kita memperoleh rekomendasi ketika orang lain mengetahui kita adalah orang tepat. Bangunlah ketekunan dengan mengupayakan relasi yang erat. Ketekunan dapat mengembangkan relasi yang loyal dengan menjawab pertanyaan: "Dapatkan saya mengandalkan Anda?"

Catatan akhir

1. Sumber tidak diketahui.
2. Bruce Wilkinson, *A Life God Rewards* (Sisters, OR: Multnomah Publishers, 2002), 16.

BAB 20

Bersinar dengan Kasih

APAKAH ANDA MEMEDULIKAN SAYA?

Dan sekalipun aku membagi-bagikan
segala sesuatu yang ada padaku,
bahkan menyerahkan tubuhku untuk dibakar,
tetapi jika aku tidak mempunyai kasih,
sedikit pun tidak ada faedahnya bagiku.

(1 Kor. 13:3).

Beberapa tahun yang lalu, perusahaan saya membeli hak *dealership* untuk Kepulauan Puerto Rico. Saya menikmati tantangan dan kesempatan unik untuk menjalankan bisnis di Puerto Rico. Saya berusaha melakukan kunjungan secara teratur ke tempat itu dan bertemu dengan staf kami. Anner adalah seorang karyawan asli Puerto Rico yang bekerja untuk kami sebagai perwakilan bagian penjualan peralatan. Ia memiliki kepribadian yang menyenangkan dan potensi luar biasa. Ia adalah salah seorang dengan tipe energi tinggi—selalu *ngebut* 160 km per jam. Dalam kunjungan saya belum lama ini, saya keluar dari percakapan yang biasa mengenai peralatan dan karier dengan bertanya kepada Anner mengenai bagaimana keadaannya di rumah. Wajahnya berubah menjadi serius ketika ia menjelaskan kabar buruk mengenai perceraiannya yang tidak terelakkan.

Pada suatu titik dalam percakapan, saya mengajukan suatu pertanyaan sulit kepadanya. "Anner, apakah hatimu sungguh bersama Allah?"

Sambil menatap lantai, ia menjawab dengan sangat lirih, "Tidak, bos. Hati saya tidak bersama Allah. Hati saya sangat gelap saat ini. Setiap hari ketika saya mengemudi pulang dari kerja, saya melewati tiga gereja, tetapi saya tidak pernah masuk ke dalamnya. Hati saya terasa begitu gelap sekarang ini. Saya tahu saya seharusnya pergi ke gereja. Namun, saya tidak tahu ke gereja mana saya harus pergi."

Sambil menepuk pundaknya dan menatap tepat ke dalam matanya, saya berkata, "Anner, ini bukanlah persoalan pergi ke gereja. Satu-satunya cara untuk mengembalikan hatimu menjadi baik adalah melalui kasih Yesus."

Kepalanya semakin menunduk saat ia kembali mengarahkan pandangannya ke lantai.

Saya melanjutkan, "Biarkanlah Yesus masuk ke dalam hatimu, dan Dia akan mengarahkanmu ke gereja mana kau mesti pergi."

Anner Mengangkat kepalanya, memandangi saya, dan berkata, "Bos, jangan melihat saya seperti itu. Anda membuat saya menangis. Tolong, jangan memandang saya seperti itu."

Dan di situlah percakapan kami berakhir pada hari itu.

Dalam perjalanan menuju hotel tempat saya menginap, saya bercerita kepada *general manager* Karibia kami mengenai bagaimana saya telah melewatkan kesempatan saya untuk memberikan kesaksian pada Anner. Saya memintanya untuk mendoakan Anner dan untuk mendoakan agar orang lain akan memberikan kesaksian yang lebih baik kepadanya daripada yang telah saya lakukan. Sekitar tiga minggu kemudian, saya menerima pesan ini dari Anner:

Saya hanya ingin Anda tahu bahwa akhirnya saya tahu seperti apa rasanya bersama dengan Allah. Saya pergi ke gereja pada suatu hari Minggu, dan tubuh saya mulai berkeringat. Hal itu tidak berhenti selama hampir dua jam hingga akhirnya saya menemukan apa yang saya butuhkan. Orang lain telah memberitahukan hal itu kepada saya, dan saya minta maaf karena tidak mendengarkannya. Sekarang saya tahu seperti apakah hal yang Anda sampaikan kepada saya, yaitu mencari kedamaian di dalam hati. Orang Kristen lain juga memiliki pandangan yang sama. Kini saya juga memiliki pandangan serupa. Terima kasih, Kris, karena membantu saya mendapatkannya.

Pandangan yang dikatakan Anner sama sekali bukan pandangan saya karena saya tidak mampu memberikan kepada manusia lain suatu pandangan yang dapat memberikan pengaruh seperti ini. Hanya Roh Kuduslah yang dapat melakukan hal itu. Seperti kebanyakan dari kita, saya kesulitan untuk mengatakan hal-hal yang benar guna membantu "mengantarkan seseorang kepada Kristus". Dalam hal ini, saya merasa bahwa kata-kata saya jelas tidak memadai. Sebenarnya, saya hanya berdiri memandanginya karena tidak tahu hal lain yang harus dikatakan atau dilakukan! Bagaimanapun juga, Allah tidak memilih untuk berkarya melalui kata-kata atau pekerjaan saya pada hari itu. Namun, Dia telah memilih membuka mata Anner untuk melihat kasih Yesus Kristus yang bersinar dalam diri saya. Pekerjaan saya pada waktu itu pada dasarnya hanyalah berdiam diri dan memancarkan sinar. Saya mulai semakin memahami bahwa ketika saya lemah, Allah kuat. Bukanlah dengan kata-kata atau perbuatan, tetapi semata-mata dengan kasih-Nya, melalui kuasa-Nya, dan dalam waktu yang telah ditentukan-Nya, kita diselamatkan.

KASIHILAH ALLAH

Allah berkarya di antara kita, membangun Kerajaan-Nya sambil memperdamaikan sebuah dunia yang hilang. Kita merekomendasikan Kristus kepada orang lain, tetapi hanya Allah yang mampu membangun Kerajaan-Nya. Salah satu cara paling efektif yang digunakan Allah untuk membangun Kerajaan-Nya adalah melalui relasi kita. Visi SHINE adalah semua hal mengenai membangun relasi yang loyal. Ini bukanlah soal menarik masuk atau berusaha memaksakan keyakinan kita kepada orang lain. Ini tidak ditemukan dalam hidup untuk kebenaran diri dan dalam berusaha terlihat baik. SHINE bukanlah suatu *checklist*, *blue print*, atau suatu panduan untuk hidup yang kudus. Prinsip-prinsip SHINE secara sederhana didasarkan pada relasi kasih dengan Kristus yang memungkinkan Allah berkarya dalam diri kita untuk kemuliaan-Nya. Kita bersinar ketika Allah berkarya dalam diri kita untuk membangun relasi abadi yang memuliakan-Nya.

Kita bersinar ketika Allah berkarya dalam diri kita.

Kasih adalah yang terbesar dari semua karunia. Rasul Paulus menuliskan, "Demikianlah tinggal ketiga hal ini, yaitu iman, pengharapan dan kasih, dan yang paling besar di antaranya adalah kasih" (1 Kor. 13:13). Tidak ada emosi ataupun sikap yang lebih kuat daripada kasih. Kasih tetap untuk selamanya. Ini adalah kualitas yang paling penting yang dapat kita teladani. Ini adalah kunci untuk relasi kita dengan Allah. "Kasihilah Tuhan, Allahmu dengan segenap hatimu dan dengan segenap jiwamu dan segenap akal budimu dan dengan segenap kekuatanmu" (Mrk. 12:30). Kita berutang dari Allah akan kasih kita. Dia menghendakinya. Dia memintanya. Dia pantas menerimanya. Dia menyediakannya. Ketika kita mengembalikan kasih kepada Sang Pecinta jiwa kita, kita mendapati diri kita dipenuhi lebih banyak lagi kasih-Nya.

KASIHILAH DIRIMU SENDIRI

Kasih adalah kunci untuk semua relasi kita. Yesus berkata, "Kasihilah sesamamu manusia seperti dirimu sendiri ..." (Mrk. 12:31). Kita sering kali memahami panggilan untuk mengasihi sesama kita. Yang lebih sulit untuk dipahami sepenuhnya adalah perintah Yesus bagi kita untuk mengasihi diri kita sendiri. Kita tidak harus memandang jauh untuk menemukan orang yang jelas tidak memiliki kasih pada diri mereka sendiri. Pada waktu yang sama, ada banyak orang yang begitu mencintai dirinya sehingga menjadi egois, tinggi hati, dan sombong. Cinta diri yang dimaksudkan Yesus bukanlah cinta yang romantis, cinta yang egois, cinta yang mementingkan diri sendiri, atau cinta yang hanya bersifat di luarnya saja. Dia membicarakan kasih yang diselenggarakan hanya oleh Allah. Dia membicarakan kasih Allah yang hidup dalam diri kita. "... Allah adalah kasih dan barang siapa tetap berada di dalam kasih, ia tetap berada di dalam Allah dan Allah di dalam dia" (1 Yoh. 4:16). Apabila kita mengasihi Allah, dan Dia hidup di dalam kita, bagaimana mungkin kita tidak dapat mengasihi diri kita sendiri dengan semestinya? Kasih sejati pada diri sendiri dan menghargai diri kita sebagai anak-anak Allah, kita dapat mengasihi dan menghargai orang lain sebagai anak-anak Allah juga.

> Saudara-saudaraku yang kekasih, jikalau Allah sedemikian mengasihi kita, maka haruslah kita juga saling mengasihi. Tidak ada seorangpun yang pernah melihat Allah. Jika kita saling mengasihi, Allah tetap di dalam kita, dan kasih-Nya sempurna di dalam kita (1 Yoh. 4:11–12).

KASIHILAH SESAMA

Lantas apa kaitannya kasih kepada sesama dan kasih kepada diri sendiri dengan dunia bisnis? Saya tidak menyarankan Anda meminta rekan kerja Anda untuk bergabung pada Senin pagi dan menyanyikan lagu rohani. Saya juga tidak menyarankan Anda memberi semua pelanggan Anda yang berjalan melewati pintu Anda pelukan yang mantap yang diiringi dengan air mata kegembiraan. (Meskipun hal ini bisa jadi merupakan guyonan untuk melihat reaksi mereka!). Tidak, saya hanya menyarankan Anda mengasihi Allah dengan semua yang ada pada Anda. Kasihilah Dia layaknya Anda pernah dikasihi sebelumnya. Kasihilah Dia dalam pekerjaan seperti halnya Anda mengasihi Dia dalam gereja. Kasihilah Dia dengan cara demikian sehingga orang lain akan melihat kasih Anda kepada-Nya dan kasih-Nya bersinar dalam diri Anda.

> *Para pemimpin yang bijaksana akan bersinar seperti cahaya langit. Dan mereka yang telah mengajar banyak orang untuk melakukan apa yang baik dan adil, akan bersinar seperti bintang-bintang untuk selama-lamanya (Dan. 12:3, BIS-LAI)*

Kasih kepada Allah yang seperti inilah yang akan memenuhi diri Anda seperti Anda belum pernah mengalami kepenuhan itu sebelumnya. Ini akan membuka hati Anda untuk mengasihi bukan hanya diri Anda sendiri tetapi juga sesama. Hal ini bahkan akan mendorong Anda mulai memperhatikan orang-orang yang mungkin terlihat jelas tidak layak untuk dikasihi. Sinar kasih ini, meskipun sedikit, akan membawa orang lain kepada Anda untuk mengembangkan relasi baru dan membangun kepercayaan yang berkelanjutan. Relasi ini akan membuat Anda mampu bersinar melampaui semua hal penting seperti halnya kasih-Nya mengantarkan orang lain kepada Yesus Kristus dengan perantaraan Anda. Rekomendasi terhebat dari semuanya hadir dalam kekuatan kasih yang mampu membangun relasi yang loyal untuk selamanya. Benarlah bahwa tidak seorang pun dari kita dapat memiliki hidup yang sempurna, tetapi di dalam Dia, kita semua dapat mengalami kasih-Nya yang sempurna.

SHINE MENYATAKAN KASIH

Tak ada satu pun hal yang menarik perhatian orang lain seperti halnya kasih Allah. Kita menunjukkan kasih kita pada Allah dengan menunjukkan kasih-Nya kepada orang lain. Kasih adalah hal menjadikan Allah yang tidak kelihatan menjadi kelihatan. Hukum tertinggi itu adalah segala sesuatu mengenai kasih. Kita bersinar ketika kasih Allah terlihat di dalam diri kita.

> *Kasihilah Tuhan Allahmu dengan segenap hatimu, dan dengan segenap jiwamu, dan dengan segenap akal budimu, dan dengan segenap kekuatanmu. Dan hukum yang kedua ialah: Kasihilah sesamamu manusia seperti dirimu sendiri .... (Mrk. 12:30-31)*

S – Setia melayani sesama. Hati dengan semangat pelayanan memuliakan Allah dengan membantu orang lain. "Kasihilah Tuhan Allahmu dengan segenap hatimu ..." (Mrk. 12:30). Kerendahan hati, belas kasih, dan kemurahan hati merupakan jalan menuju sikap kasih. Allah telah memanggil masing-masing dari kita untuk suatu misi pelayanan. Ketika kita mengorbankan keinginan kita sendiri untuk melayani orang lain, kita menyatakan hati Kristus. Kita bersinar ketika kasih Allah terlihat dalam diri kita. "Sama seperti Anak Manusia datang bukan untuk dilayani, melainkan untuk melayani dan untuk memberikan nyawa-Nya menjadi tebusan bagi banyak orang" (Mat. 20:28).

H – Hormati Allah. Jiwa yang penuh dengan keyakinan menaati kehendak Allah. "Kasihilah Tuhan Allahmu dengan segenap jiwamu

..." (Mrk. 12:30). *Kepercayaan, rasa syukur, dan pekerjaan melayani* meng-hantar pada sikap kasih. Allah memiliki suatu kehendak atas pekerjaan kita. Dia telah memberikan pekerjaan kepada kita sebagai suatu karunia. Ketika Allah berkarya melalui kita untuk memenuhi kehendak-Nya, kita menyatakan jiwa Kristus. Kita bersinar ketika kasih Allah terlihat di dalam diri kita. "Tetapi carilah dahulu Kerajaan Allah dan kebenaran-Nya, maka semuanya itu akan ditambahkan kepadamu" (Mat. 6:33).

I – **Izinkan pertumbuhan yang berkesinambungan.** Pikiran yang memiliki kebajikan mengejar visi Allah. "Kasihilah Tuhan Allahmu dengan segenap akal budimu ..." (Mrk. 12:30). *Kecakapan, keberanian, dan semangat* mengarah pada sikap kasih. Allah memiliki visi untuk masing-masing dari kita. Dia telah mengaruniakan kepada kita dan mempersiapkan kita untuk mencari visi-Nya. Mengejar visi Allah untuk kebajikan menyatakan pikiran Kristus. Kita bersinar ketika kasih Allah terlihat di dalam diri kita. "Masuklah melalui pintu yang sesak itu, karena lebarlah pintu dan luaslah jalan yang menuju kebinasaan, dan banyak orang yang masuk melaluinya; karena sesaklah pintu dan sempitlah jalan yang menuju kepada kehidupan, dan sedikit orang yang mendapatinya" (Mat. 7:13–14).

N – **Nilai sebagai acuan.** Kekuatan integritas muncul di atas da-sar nilai-nilai ilahi. "Kasihilah Tuhan Allahmu dengan segenap kekuat-anmu ..." (Mrk. 12:30). *Kejelasan, keyakinan, dan kepercayaan diri* meng-arah pada sikap kasih. Allah menghendaki kita mengembangkan karak-ter serupa dengan Kristus. Kehidupan kita adalah suatu proses perkem-bangan karakter yang mempersiapkan kita untuk keabadian. Nilai-nilai ilahi menyatakan kekuatan intergritas yang ditemukan dalam Kristus. Kita bersinar ketika kasih Allah terlihat di dalam diri kita. "Se-tiap orang yang mendengar perkataan-Ku ini dan melakukannya, ia sama dengan orang yang bijaksana, yang mendirikan rumahnya di atas batu. Kemudian turunlah hujan dan datanglah banjir, lalu angin melanda rumah itu, tetapi rumah itu tidak rubuh sebab didirikan di atas batu" (Mat. 7:24-25).

E – Erat dalam relasi. Relasi yang loyal mengalir dari kasih Allah. "Kasihilah sesamamu seperti dirimu sendiri" (Mrk. 12:30). Hidup adalah segala sesuatu tentang *kasih*. Allah adalah kasih, dan Dia hidup dalam diri orang-orang yang mengasihi-Nya. Kasih-Nya adalah sumber semua relasi kita. Kita bersinar ketika kasih Allah terlihat dalam diri kita. "Aku memberikan perintah baru kepada kamu, yaitu supaya kamu saling mengasihi; sama seperti Aku telah mengasihi kamu demikian pula kamu harus saling mengasihi. Dengan demikian semua orang akan tahu, bahwa kamu adalah murid-murid-Ku, yaitu jikalau kamu saling mengasihi" (Yoh. 13:34–35).

Kredibilitas, ketekunan, dan kasih menjawab pertanyaan: "Apakah Anda memedulikan saya?"

Melampaui Segala Pengertian

Akuisisi bisnis sering kali dilakukan dengan susah payah. Itulah yang terjadi ketika perusahaan kami belum lama ini membeli perusahaan penyalur lagi di negara bagian yang berdekatan. Perlu waktu lima tahun untuk mencapai kesepakatan. Kami hampir berhasil beberapa kali, tetapi karena sejumlah alasan, kami tidak dapat menyelesaikan transaksi. Yakin bahwa Allah membimbing kami dalam akuisisi ini, perusahaan kami terus mengejar kesempatan untuk mendapatkan teritori baru yang lebih luas lagi. Suatu waktu, saat hampir berhasil mencapai persetujuan, kami merasakan bahwa Allah memberi tahu kami untuk melangkah maju dan mempekerjakan seorang mantan karyawan yang terkemuka bernama Scott untuk menjalankan operasi potensial ini. Meskipun lelaki ini tidak memiliki keinginan untuk meninggalkan tempat ia bekerja saat ini, ia terbuka pada apa yang mungkin tengah Allah rancang dalam proses kembalinya dirinya untuk bekerja pada perusahaan kami. Scott memberi tahu saya, "Di mana saya berada, saya mampu mencapai semua tujuan personal dan profesional saya. Namun, saya merasa apabila saya kembali ke perusahaan Anda, saya akan mampu membawa pengaruh bagi banyak orang untuk keabadian. Saya ingin bekerja untuk membuat perbedaan untuk keabadian."

Bersama seorang pemimpin yang andal pada posisinya, kami kembali bergerak maju dengan akuisisi itu dan menentukan tanggal penutupan pembelian. Ketika kami menyusun pekerjaan administrasi kami, Badai Ivan menerjang wilayah baru ini. Bagi sebuah perusahaan yang menjual peralatan untuk pepohonan, sebuah badai menghadirkan peluang yang sangat penting untuk meningkatkan penjualan. Dapat dipahami, sang pemilik membatalkan perjanjian untuk mendapatkan keuntungan dari situasi potensial dalam bisnis ini. Sekarang kami memiliki seorang karyawan penting yang telah meninggalkan sebuah pekerjaan yang luar biasa untuk bergabung dengan perusahaan kami demi posisi yang sekarang mungkin tidak pernah ada. Kami mulai bertanya-tanya apakah Allah benar-benar membimbing kami pada akuisisi ini. Sebagian besar dari kami merasa dibimbing untuk tetap bertekun. Sebagian kecil memberikan usulan agar kami berhenti secara keseluruhan. Waktu berlalu, dan lagi-lagi kesempatan datang dengan sendirinya. Saat ini, kami mampu mencapai persetujuan dan memperluas perusahaan kami.

Segera sesudah menyelesaikan perjanjian, kami dapat mengatakan bahwa Allah sungguh telah memanggil kami untuk melakukan akuisisi ini. Ketika kami bertemu dan membagikan visi SHINE dengan para karyawan baru kami, sebagian besar dari mereka menerimanya dengan tulus hati. Banyak karyawan yang menyebutkan bahwa mereka belum pernah mendapati sebuah perusahaan yang begitu tegas dalam hal keyakinan mereka. Sebagian besar begitu positif menjadi bagian dari perusahaan kami, kecuali seorang karyawan: menantu laki-laki dari pemilik yang terdahulu, Mickey. Walaupun ia ramah, tetapi jelas ia tidak peduli dengan apa yang kami katakan. Waktu terus bergulir, dan hal-hal berjalan baik dengan peralihan yang terjadi. Penghasilan penjualan terbukti jauh lebih tingi daripada yang diharapkan. Hati kami tergetar oleh para karyawan baru yang kami pekerjakan. Kami bahkan mampu menambah beberapa anggota kunci untuk tim kami. Kami telah memperhitungkan sedikit kerugian finansial, dalam keadaan yang paling baik, dalam tahun pertama pelaksanaan. Bagaimanapun juga, kami benar-benar senang memperoleh keuntungan yang cukup baik, yang dengan jelas melampaui harapan-harapan kami.

Normalnya penghasilan, hak memiliki karyawan, dan kemampuan menghasilkan keuntungan menjadi imbalan yang sangat berharga dari sebuah akuisisi yang berhasil. Dalam akuisisi ini, bagaimanapun juga, kami mendapatkan sesuatu yang lebih. Relasi yang loyal berkembang dalam proses peralihan. Bersama-sama, kami semua tumbuh dan berkembang, sekaligus mengukuhkan visi kami untuk bersinar dengan kebajikan. Dalam *review* tahunannya, saya bertanya kepada Scott apakah yang paling membuatnya bangga pada tahun pertamanya menjalankan bisnis baru. Jawabannya sungguh mengejutkan saya. Ia tersenyum dan berkata, "Mickey." Ia kemudian melanjutkan penjelasannya dengan lebih rinci.

Jelas bahwa Mickey selalu memimpikan akan menjadi salah satu pemilik perusahan penyalur itu. Pembelian yang kami lakukan telah membuyarkan impiannya. Ketika kami datang dengan rencana-rencana baru kami dan membagikan visi SHINE kami, ia bersikap skeptis dan benar-benar tidak menginginkan bagian mana pun dari visi kami. Bagaimanapun juga, ia tetap tinggal bersama perusahaan itu. Keahlian Mickey dalam jalur tertentu dari peralatan kami memungkinkannya bepergian ke berbagai lokasi yang kami miliki dan memberikan bantuan. Dengan berlalunya waktu, ketika ia mengunjungi toko-toko kami, ia mulai melihat bahwa visi SHINE lebih dari sekadar kata-kata. Ke mana saja ia mengunjungi lokasi yang kami miliki, orang-orang kami bersikap baik kepadanya. Mereka memperlakukannya dengan rasa hormat dan membuat ia merasa sebagai seorang anggota tim yang berharga. Suatu hari ketika bekerja dengan salah seorang perwakilan bagian penjualan kami, Mickey berbagi beberapa pengalaman pergumulan yang ia hadapi. Perwakilan bagian penjualan kami bertanya apakah ia boleh berdoa untuknya. Mickey terkejut ada seseorang mau mendoakannya sementara mereka sedang bekerja.

Beberapa hari kemudian, Mickey menerima Yesus Kristus sebagai Juruselamatnya. Mickey memberi tahu Scott, "Sekarang saya tahu mengapa kalian yang memperoleh usaha ini, bukan saya. Saya belum pernah diselamatkan dalam sebuah gereja atau di mana pun. Satu-satunya tempat saya bisa datang kepada Kristus adalah dalam pekerjaan. Anda telah menunjukkan kepada saya betapa sejuknya menjadi seorang Kristen, bahkan dalam pekerjaan. Karena itu, saya telah menemukan Yesus." Beberapa minggu kemudian, seorang karyawan lain bercerita kepada Mickey tentang pergumulan pribadinya. Mickey menyarankan Yesus Kristus sebagai jawabannya!

Visi SHINE terus menjadi nyata dengan sendirinya melalui cerita-cerita seperti ini—banyak di antaranya yang tidak pernah saya dengar. Namun, itulah cara Allah berkarya. Kita tidak selalu mengetahui kapan hal itu akan terjadi. Meskipun demikian, ketika Allah berkarya di dalam diri kita, Dia membuat perbedaan kekal untuk Kerajaan-Nya. Ketika Kristus bersinar dalam diri kita, pengaruh-Nya melampaui segala pengertian. Seiring berjalannya waktu, saya menyadari ada empat tahap yang kita lewati dalam karier kita. Kita harus terus-menerus menentukan pilihan pada level manakah kita akan menunjukkan performa kita. Saya menyebut tahap-tahap ini empat level performa.

BERSINAR
BERMAKNA
BERHASIL
BERTAHAN HIDUP

Level 1: Level Bertahan Hidup

Level 1, Level Bertahan Hidup, adalah ketika satu-satunya dasar pembenaran bagi pekerjaan kita adalah untuk memenuhi kebutuhan pribadi kita. Pada level ini, pekerjaan hanyalah suatu sarana untuk mendapatkan bayaran dan suatu jalan untuk dilewati. Motivasi rendah adanya. Pada Level Bertahan Hidup, kita termotivasi hanya oleh kemauan mencari uang. Kita bekerja supaya kita dapat bertahan hidup. Banyak pekerja menghabiskan keseluruhan karier mereka pada Level Bertahan Hidup dan menggerutu saat menghabiskan waktu mereka untuk bekerja. Mereka hanya bekerja secukupnya. Pada Level Bertahan Hidup, para pekerja biasanya memiliki performa kerja berstandar rendah untuk posisi mereka. Oleh karena itu, performa kerja yang ada rendah pada level ini. Para pekerja sering kali mengeluhkan pekerjaan mereka, berpikir mereka telah bekerja dengan lebih baik dan biasanya menyalahkan orang lain untuk situasi yang mereka alami. Jarang ada kepuasan atau pemenuhan pribadi pada level ini. *Bertahan hidup adalah apa yang kita lakukan untuk lolos.*

Level 2: Level Berhasil

Satu langkah melampaui Level Bertahan Hidup adalah Level 2: Level Berhasil. Ketika kita bekerja pada level ini, motivasinya tinggi. Kita melihat sesuatu yang kita inginkan dan melakukan apa pun yang diperlukan untuk melewatinya. Level Berhasil cenderung menjadi semuanya tentang kita. Pendapatan yang lebih besar dan status yang lebih tinggi mendorong kita untuk bekerja lebih giat. Pencapaian pribadi menjadi tujuan keberhasilan. Level Berhasil menghasilkan para pekerja dengan motivasi eksternal yang tinggi. Mereka menghasilkan lebih banyak uang, kekuasaan, dan kemenangan. Performa kerja yang tinggi adalah hal biasa pada level ini. Sikap "menang dalam segala hal" tersebut luas pada level ini. Kompetisi begitu ketat pada Level Berhasil.

Sebagian karyawan dengan prestasi yang sangat tinggi bekerja pada level ini. Menunjukkan performa kinerja yang baik pada Level Berhasil dapat menghasilkan kepuasan pribadi. Namun, ada hal yang sebenarnya bukan pemenuhan sejati. Level Berhasil adalah tentang promosi diri dan kepuasan pribadi. *Keberhasilan adalah apa yang kita lakukan untuk diri kita.*

Level 3: Level Bermakna

Level ketiga, Level Bermakna, sangat bermanfaat. Bermakna berada di atas keberhasilan. Keberhasilan adalah sesuatu yang kita lakukan untuk diri kita sendiri; Bermakna memengaruhi kehidupan orang lain secara positif. Pengaruh level ini luas dan berlipat ganda. Semakin besar pekerjaan yang kita lakukan untuk orang lain, semakin tinggi kebermaknaan pekerjaan kita. Level Bermakna menghasilkan para pekerja dengan motivasi internal tinggi. Selain memfokuskan pada prestasi individual, mereka memusatkan perhatian pada membantu orang lain untuk mencapai tujuan mereka. Sikap melayani orang lain merupakan hal umum pada level ini. Kerja tim menjadi sangat penting. Menunjukkan performa dengan baik pada Level Bermakna membawa pemenuhan dalam pekerjaan kita. Kepuasan pribadi pada level ini muncul dengan membantu orang lain menemukan keberhasilan. Level Bermakna adalah semua hal mengenai memajukan orang lain dan menciptakan pengaruh melalui mereka. *Bermakna adalah apa yang kita lakukan untuk orang lain.*

Level 4: Level Bersinar (SHINE)

Level terakhir adalah level yang melampaui kebermaknaan. Inilah level tertinggi yang dapat kita capai. Kita tidak dapat meraihnya sendirian. Ketika kita bersinar, kita tidak perlu khawatir mengenai persoalan bertahan hidup: Ini sudah terpenuhi. Ketika kita bersinar, keberhasilan menjadi suatu hal yang diberikan. Ketika kita bersinar, kita memberikan pengaruh yang penuh makna pada kehidupan orang lain. Seperti cahaya menghalau kegelapan, Level SHINE meliputi semua level performa lainnya. SHINE bukanlah sesuatu yang dapat kita lakukan dengan kekuatan kita sendiri. *SHINE adalah ketika Allah berkarya di dalam dan melalui diri kita.*

BIARKANLAH CAHAYA ALLAH BERSINAR

Sayangnya, banyak di antara kita menggunakan begitu banyak waktu kita pada level bawah piramida ini. Pada Level SHINE, di mana pemenuhan sejati ditemukan, Kristus bersinar dalam diri kita. Dia bersinar dalam diri kita ketika kita mencari:

- Misi Allah untuk pelayanan.
- Kehendak Allah akan kesetiaan.
- Visi Allah untuk kebajikan.
- Nilai-nilai integritas Allah.
- Hubungan kasih Allah.

Ketika fokus kita adalah pada Allah dan kita bergantung sepenuhnya pada sinar-Nya, masa depan kita akan selalu cerah.

Namun, adakalanya kita tidak bersinar sama sekali. Kekhawatiran dan kehendak kehidupan ini secara terus-menerus memberikan isyarat dari kegelapan. Dalam kegelapan, kita mengejar impian kita sendiri dan membuat keputusan yang mementingkan diri sendiri. Tanpa fokus yang jelas dalam mengikuti Kristus, berbagai tantangan kehidupan bergentayangan. Kemarahan, frustrasi, rasa bersalah, rasa malu, kesombongan, dan semua kekuatan kegelapan lainnya berkomplot untuk menjatuhkan kita. Dengan mengandalkan kekuatan kita sendiri, iman kita merosot, kelemahan meningkat, dan dosa-dosa kita

bercokol semakin kuat. Kegelapan dapat dengan demikian cepat me-
nelan kita. Namun, di tengah-tengah kegelapan selalu ada harapan.

*Akulah terang dunia; barangsiapa mengikut Aku, ia tidak akan berja-
lan dalam kegelapan, melainkan ia akan mempunyai terang hidup.
(Yoh. 8:12).*

Kunci untuk mengatasi kegelapan adalah dengan menyingkirkan
kehendak kita sendiri dan meyakini sinar-Nya untuk menerangi jalan
kita. Semakin kita bergantung kepada-Nya, menjadi semakin lemah-
lah diri kita dan semakin teranglah Dia akan bersinar di dalam dan me-
lalui diri kita. Sebab dalam kelemahan kita sendiri, kita tidak lagi bisa
bergantung pada diri kita melainkan pada Terang dunia yang bersinar
di dalam diri kita. Mendapatkan inspirasi dari visi-Nya dan dikuasai oleh
kehadiran-Nya, kita keluar dari kegelapan. Dengan kuasa terang-Nya,
kita memancarkan kemuliaan-Nya.

- Dengan hati yang penuh semangat melayani, kita melayani orang
  lain.
- Dengan jiwa yang penuh kepercayaan, kita memuliakan Allah.
- Dengan pikiran yang penuh dengan kebajikan, kita berkembang
  secara terus-menerus.
- Dengan kekuatan integritas, kita menentukan arah berdasarkan
  nilai-nilai.
- Ketika kita mengasihi orang lain seperti kita mengasihi diri kita,
  kita unggul dalam relasi dengan orang lain, dan, yang terpenting,
  dengan Allah.

*Kamu adalah terang dunia. Kota yang terletak di atas gunung tidak
mungkin tersembunyi. Lagipula orang tidak menyalakan pelita lalu
meletakkannya di bawah gantang, melainkan di atas kaki dian sehing-
ga menerangi semua orang di dalam rumah itu (Mat. 5:14–15).*

· Allah menyediakan terang yang kita butuhkan. Dia meneguhkan kita untuk bersinar tepat di mana kita berada untuk kemuliaan-Nya. Di dalam Dia, hidup kita dapat memiliki tujuan dan membuat perbedaan yang sifatnya abadi untuk Kerajaan-Nya. Dia menetapkan pilihan di hadapan kita. Kita harus memilih level bertahan hidup, Berhasil, bermakna, atau SHINE (bersinar).

Untuk kita yang memilih level SHINE untuk bersinar, pekerjaan kita tidak lagi sekadar apa yang kita lakukan untuk dapat hidup. Sebaliknya, ini adalah suatu panggilan yang telah digariskan, suatu jalan hidup—berdiri seperti sebuah penerangan di atas bukit—di mana Allah mengobarkan semangat hidup kita untuk bersinar melampaui segala pengertian.

Begitu juga terangmu harus bersinar di hadapan orang, supaya mereka melihat perbuatanmu yang baik, lalu memuji Bapamu di surga (Mat. 5:16, BIS-LAI).

Tentang Pengarang

Kris Den Besten saat ini melayani sebagai presiden/CEO dari lima perusahaan nasional dan internasional yang telah mengalami pertumbuhan kumulatif dalam penjualan tahunan sebesar US$6 juta hingga US$100 juta selama berada di bawah kepemimpinannya. Di luar tanggung jawab korporasinya, Kris adalah anggota dewan pelayanan untuk para pengangguran (termasuk pengangguran terselubung) yang mengajarkan prinsip-prinsip Allah untuk bekerja. Bagi para lulusan pelatihan ini, dia menyediakan berbagai pekerjaan yang memberikan harapan dan masa depan bagi mereka.

Sebagai seorang pembicara seminar dan konferensi, Kris mengajarkan bahwa masing-masing dari kita memiliki panggilan untuk melakukan karya pelayanan hidup yang nyata dan bahwa bisnis yang terfokus pada Kerajaan Allah adalah sarana utama yang Allah pergunakan untuk melaksanakan Amanat Agung. Dengan pengalaman awal sebagai seorang penyiar acara olahraga di televisi, Kris adalah seorang komunikator yang bersahaja dan tulus, yang secara efektif berhubungan dengan para pendeta dan pimpinan bisnis, anggota gereja dan profesional bisnis, baik pria maupun wanita, ketika berbicara pada acara-acara perusahaan, gereja, dan melalui media.

Kris adalah salah seorang pendiri Real Life Resources, Inc., sebuah pelayanan nirlaba yang memusatkan perhatian untuk membawa perubahan dalam kehidupan dan pekerjaan. Untuk informasi lebih lanjut mengenai seminar dan pelatihan SHINE bagi gereja maupun kelompok bisnis, kunjungilah: www.shinevision.com.

Hubungilah Kris Den Besten di kris@shinevision.com atau lewat:
Real Life Resources, 4401 Vineland Road, Suite A-15, Orlando, FL 32811
www.realliferesources.com

www.ingramcontent.com/pod-product-compliance
Lightning Source LLC
LaVergne TN
LVHW052019080426
835513LV00018B/2092